高等学校法学实验教学系列教材

物证技术学实验教程

WUZHENGJISHUXUESHIYANJIAOCHENG

刘　红　刘洛娜　徐素芳 ◎编著

经济科学出版社
Economic Science Press

图书在版编目（CIP）数据

物证技术学实验教程/刘红等编著 . —北京：经济科学出版社，2010.7
（高等学校法学实验教学系列教材）
ISBN 978 – 7 – 5058 – 9302 – 3

Ⅰ.①物… Ⅱ.①刘… Ⅲ.①物证 – 司法鉴定 – 实验 – 高等学校 – 教材 Ⅳ.①D919.2 – 33

中国版本图书馆 CIP 数据核字（2010）第 074234 号

责任编辑：赵　敏　张庆杰
责任校对：王肖楠
版式设计：代小卫
技术编辑：邱　天

物证技术学实验教程

刘　红　刘洛娜　徐素芳　编著
经济科学出版社出版、发行　新华书店经销
社址：北京市海淀区阜成路甲 28 号　邮编：100142
总编部电话：88191217　发行部电话：88191540
网址：www.esp.com.cn
电子邮件：esp@esp.com.cn
汉德鼎印刷厂印刷
三佳装订厂装订
787×1092　16 开　13 印张　240000 字
2010 年 7 月第 1 版　2010 年 7 月第 1 次印刷
印数：0001—3000 册
ISBN 978 – 7 – 5058 – 9302 – 3　定价：20.00 元
（图书出现印装问题，本社负责调换）
（版权所有　翻印必究）

高等学校法学实验教学系列教材编委会

主编：杜承铭

编委：邓世豹　房文翠　纪宗宜　孙占利　陈建清

总　　序

　　法律人才的职业性特点，决定了法学实验实践性教学在法学教育中的不可或缺的地位，实验教学应当成为与理论教学紧密衔接、相互促进的教学内容与环节。基于这一理念，我们在进行课程教学时，始终将实验教学贯穿于理论教学之中，突出实验教学的地位和功能，实现理论教学与实验教学的有机结合。在理论教学基础上，通过法学实验教学进一步深化学生对法学专业知识的理解，训练学生法律实践技能，强化对学生的法律职业伦理教育，塑造法科学生的法律人格，从而实现法律人才素质的法律知识、法律能力、法律职业伦理和法律人格四者的统一。

　　法学实验教学改革应当以培养学生法治理念、实践创新能力和提高法律职业素养与技能为宗旨，以高素质实验教学队伍和完备的实验教学条件为保障，融知识传授、能力培养、素质提高为一体，通过实验教学培养学生探寻法律事实的能力、法律实务操作能力和综合表达能力，培养其法律思维能力与创新思维能力，最终实现法律知识、法律能力、法律职业伦理和法律人格四者的统一。然而，在我国的法学教育中，较普遍地存在理论与实践脱节的现象，学生难以在短期内适应法律实务部门的工作。近年来，法学教育中的实验实践性教学环节的重要性越来越受到法学教育界的重视，教育部"教学质量与教学改革工程"中开展的国家级法学实验教学中心的建设就清楚地表明了这一点。通过法学实验教学改革，我们力求达到如下目标：

　　一是促进法学理论与实践相结合。通过实验教学，使学生直接面对将来的工作环境与工作要求，促使学生将所学理论知识运用于实务之中，使学生在校时就具备适应未来法律工作所必需的心理素质、知识结构和操作能力。

二是构建模拟法律职业环境，为学生提供充分的动手操作机会。通过建立仿真实验环境，使学生在分析案件事实、收集证据、人际交往和沟通、起草法律文书等技能方面的训练得到强化，培养学生从事法律职业所需要的专业技能。

三是提供师生互动平台，变"填鸭式"教学为学生主动学习。实验教学是以学生主动学习为基础展开的，在实验教学模式下，学生也被赋予了一定的责任，在实验过程中，学生可以同指导教师就实验中遇到的问题进行无障碍的沟通。

四是提高师资队伍的教学水平。要进行法学实验教学，仅有书本知识、没有丰富的实践经验是远远不够的，这就要求指导教师必须深入法律实务部门，掌握相应的专业技能。实践经验的丰富，无疑可以帮助教师更好地讲授相关法律专业知识，促进教学水平的提高。

我校历来重视法学实验教学在法学教育和法律人才培养中的重要地位，早在1993年法学本科专业设立之初就着手法学实验室和实验教学的设计和规划，1996年竣工的法学实验室（包括模拟法庭和司法技术实验室）是当时广东省唯一的法学专业实验场地，1997年实验教学正式纳入教学计划，在物证技术学、法医学、侦查学、刑事诉讼法、民事诉讼法、行政诉讼法学等六门课程开设28个实验项目。2007年学校整合全部法学实验教学资源，成立了由法律实务实验室、法庭科学综合实验室、开发设计实验室、网络学习实验室和模拟法庭组成的法学实验教学中心。15年来，我们开展了法律实务实训教学（如案例分析诊断、庭审观摩、法律实务模拟等）、法庭科学实验教学（如法医学、物证技术学和侦查学实验）、社会专题调查（地方立法调查、法律援助调查、乡村法律服务等）、实践与实习（包括法律诊所、社会实践和毕业实习）等四种模式组成的实验教学活动，形成了有我校特点的"两大部分、三个层次、四大模块"法学实验教学的内容体系：（1）从实验教学的空间来看，包括校内实验和校外法律实践两大部分；(2) 从实验教学的性质来看，包括基础型实验（如课程实验）、综合型实验（如专项实验、仿真实验）和法律实践（如见习、实习等）三个层次；(3) 从实验教学的类型来看，包括实验、实训、调研和实习四个模块。其中，实验模块主要由法庭科学的实验课程组成，包括法医学、侦查学、物证技术鉴定等；实训模块主要包括：庭审观摩、案例诊断、司法实务（民事法律实务、刑事法律实务、行政法律实务）、企业法律实务、警察行政执法程序、调解与仲裁等组成；调研模块包括地方立法、法律援助等专题调研；实习模块包括法律诊所、基于经济与管理实验教学中心平台的"企业法律实务仿真实习"和毕业实习等内容。

通过多年的努力建设和广大教师的辛勤劳动，我校法学实验课程和实验项目体系建设取得了较为丰硕的成果，建设了包括基础型、综合设计型、研究创新型等实验类别在内的129个实验项目，18门实验课程，涉及相关知识内容的课程28门。所有这些实验项目体系，通过作为实验课程建设直接成果的法学实验教学系列教材公开出版。本套法学实验教学系列教材是我校教师长期从事法学实验教学改革和研究的直接成果。我们相信，这些成果的出版将有力地推动我校法学实验教学改革和法律人才培育目标的实现，我们也希望能够得到广大从事法学教育特别是从事法学实验教学的专家、学者的鼓励、交流、批评和指正。

杜承铭
广东商学院法学实验教学中心
二〇〇九年十一月八日

前　　言

　　物证技术学是证据学、司法鉴定学的核心组成，它以物证技术之基本理论和基本方法为研究对象，是化学、物理学、生物学等学科与法学的有机融合。它运用自然科学和社会科学的原理和方法，研究查明法律事件性质、发现犯罪、揭露犯罪并证实犯罪。随着我国诉讼审判制度的改革，物证技术学在诉讼法学、证据学、刑事法律科学中的特殊地位、核心主导作用越来越被法律界重视。

　　从古至今，弄清案件事实真相一直是人们不懈追求的目标。人类的证明手段经历了神证、人证、物证三个阶段。

　　在迷信神明的时代，探查真相的方法往往是荒谬的。例如火审，9世纪法兰克人的《麦玛威法》规定了用火来审判盗窃嫌疑人，经受不住火的考验被火灼伤的被判为盗窃犯。在古巴伦王国的水审，将被告人投入水中，若沉没，则被认为神要惩罚他，那么他的陈述就是虚假的或他是有罪的。神裁法、神誓法："其罪疑者，令羊触之，有罪则触，无罪不触"，西周时期，当事人"盟诅"被视为定案的证据，还有决斗、卜卦抽签等等。

　　有些探查真相的方法则饱含智慧。如我国古代"摸钟辨盗"的案例，审判者在寺庙中一口大钟的内壁事先偷偷抹了黑墨汁，然后让几名盗窃嫌疑人摸大钟的内壁，并告知他们该钟是神钟，当窃贼摸的时候它就会响，几名嫌疑人摸完后钟一直没有响，但审判者已经心中有数了：手掌黑的表明他敢摸，是无辜的，手掌干净的表明他不敢摸，是盗窃分子。有则圣经故事讲所罗门用智慧断案，有两个妓女同住一间屋子，各生一个男孩，仅相差三天。一天其中一名男婴死了，两个母亲都说另一名男婴是自己的孩子。所罗门声称让人将男婴从中间劈开，一人一半。一位母亲同意，但另一位母亲却哭着说："将孩子给那个女人吧，别杀了他！"最后，所罗门将男婴判给了主张不杀孩子的那位母亲。

　　随着社会文明进程的发展和科学技术的不断进步，人类的司法证明手段由"人证"为主的时代逐步过渡到以"物证"为主的科学证据时代，成为当今案件审理中最重要的证据。美国的著名物证技术学家赫伯特·麦克唐奈曾经这样指出："物证不怕恫吓。物证不会遗忘。物证不会像人那样受外界影响而情绪激动——物证总是耐心地等待着真正识货的人去发现和提取，然后再接受内行人的检验与评断。这就是物证的性格。——在审判过程中，被告人会说谎，证人会说谎，辩护律师和检察官会说谎，甚至法官也会说谎。唯有物证不会说谎。"法律工作者和司法办案人员必须学习和掌握物证知识，这是提高司法工作水平，保证司法公证的需要。

  高等法学教育正历经深刻的变革。如何培养综合素质高、实践能力强的法律人才，如何提高人才培养效率，是摆在法学教育面前的重大课题。为此应该依照我国法学教育的现况，借鉴国外法律人才培养的经验、转变人才培养的观念、改革人才培养的模式而开展并加强法学实验教学是法学教育的大势所趋。

  本教材充分考虑到学习对象的专业所需和知识背景，编入了物证技术学最基本的实验项目，扩充了新颖的实验内容，增加了学科活力，使其更具实用性和科学性。该教材的结构体系由"实验基础技术"与"实验基础内容"两部分组成，前者编入了物证技术实验中最基本的操作规则和技术要求，后者通过四类实验，四十一个实验项目充分反映了物证技术实验的重要内容。目的是使学生通过学习教材达到由浅入深、循序渐进地从了解物证技术学基本知识入手，在熟悉基本实验技能的基础上，掌握重要的实验技术，实现理论联系实际，达到正确分析与应用检验结果的目的。

  全书的"前言"、"实验基础内容"、"附录—刑事照相制卷质量需求"、"参考文献"由刘红副教授编写，并负责排定撰写大纲和负责统审稿；"实验基础技术"部分由刘洛娜工程师负责撰写，负责教学实验案例的提供，文献资料的搜索与筛选，实验文档的编整工作，以及全书文稿的校对；本教材编写涉及创新项目的预测性实验的设备与仪器调试、全书实验图表的绘制、实验数据的整理与统计以及实验照片的修正与编辑等由徐素芳实验师负责。本实验教材在编著过程中参考了国内外相关文献资料和先哲们的研究成果，在此致以诚挚的谢意！因才疏学浅，瑕疵与纰漏之处敬请专家、学者以及广大读者赐教。

编 者
2010 年 4 月

目　　录

第一部分　实验基础技术

物证技术学实验课程的目的与要求 ·· 1

物证技术学实验室守则 ·· 1

物证技术学实验基础技术 ·· 2

物证技术学实验报告的书写 ·· 7

第二部分　实验基础内容

实验一　摄影技术 ·· 9

　　实验项目一　光学照相机使用 ··· 9
　　实验项目二　暗房技术 ·· 17
　　实验项目三　数码照相 ·· 22
　　实验项目四　现场照相 ·· 28
　　实验项目五　物证拍摄 ·· 37
　　实验项目六　人身辨认照相 ··· 40

实验二　痕迹检验技术 ··· 42

　　实验项目一　捺印手印样本 ··· 42
　　实验项目二　分析指纹系统及纹型 ····································· 45

实验项目三　　分析指纹细节特征 …………………………………… 54
　　实验项目四　　分析手印遗留部位 …………………………………… 57
　　实验项目五　　物理方法显现无色手印 ……………………………… 67
　　实验项目六　　"502"黏合剂显现潜在手印 ………………………… 74
　　实验项目七　　硝酸银显现潜在手印 ………………………………… 77
　　实验项目八　　茚三酮显现潜在手印 ………………………………… 80
　　实验项目九　　手印鉴定 ……………………………………………… 83
　　实验项目十　　捺印足迹样本测量足迹 ……………………………… 88
　　实验项目十一　测量分析足迹的步法特征 …………………………… 91
　　实验项目十二　制作足迹的石膏模型 ………………………………… 94
　　实验项目十三　静电吸附器提取足迹 ………………………………… 96
　　实验项目十四　分析打击痕迹特征 …………………………………… 98
　　实验项目十五　分析撬压痕迹特征 …………………………………… 101
　　实验项目十六　分析剪切痕迹特征 …………………………………… 106
　　实验项目十七　提取工具痕迹 ………………………………………… 110
　　实验项目十八　分解枪支结构 ………………………………………… 114
　　实验项目十九　分析弹头结构及痕迹特征 …………………………… 121
　　实验项目二十　分析弹壳结构及痕迹特征 …………………………… 125
　　实验项目二十一　分析弹孔、弹着点痕迹特征 ……………………… 128
　　实验项目二十二　比对弹头弹壳痕迹特征 …………………………… 134

实验三　文书检验技术 …………………………………………………… 138
　　实验项目一　　正常笔迹检验 ………………………………………… 138
　　实验项目二　　模仿笔迹检验 ………………………………………… 141
　　实验项目三　　同版印刷品检验 ……………………………………… 145
　　实验项目四　　证件、票据检验 ……………………………………… 148
　　实验项目五　　印章印文检验 ………………………………………… 151
　　实验项目六　　消退文件检验 ………………………………………… 157
　　实验项目七　　掩盖文字检验 ………………………………………… 159
　　实验项目八　　污损文件的提取与保存 ……………………………… 160

实验四　其他物证技术 …………………………………………………… 163
　　实验项目一　　纺织纤维检验 ………………………………………… 163
　　实验项目二　　油脂物证检验 ………………………………………… 166

实验项目三　涂料物证检验 …………………………………… 171
　　实验项目四　爆炸物品检验 …………………………………… 173
　　实验项目五　有机磷杀虫剂中毒检验 ………………………… 179

附录　刑事照相制卷质量要求 ………………………………………… 184
参考文献 ………………………………………………………………… 192

第一部分　实验基础技术

物证技术学实验课程的目的与要求

  物证技术学实验课程的目的在于通过实验使学生初步掌握痕迹物证、文件物证、微量物证等现场物证的发现、提取、固定、包装及检验基本操作方法，对常见现场物证进行分析、检验，验证和巩固物证技术学的基本理论，增强学生的动手能力，培养学生严谨的科学态度、严密的技能操作、实事求是的工作作风；培养学生对事物进行客观的观察、分析、比较、综合的能力和独立解决实际问题的能力；树立积极探索、敢于创新、不畏艰难的精神，为今后的实际工作奠定良好的基础。

物证技术学实验室守则

  （1）遵守学校纪律，准时到达实验室或实验场所。实验时因故外出或早退应经负责教师批准。
  （2）严肃认真进行实验，实验期间不得进行任何与实验无关的活动。
  （3）保持实验室安静，不喧哗，以免影响他人实验。
  （4）实验室内仪器和器材禁止随意使用。实验所用器材按计划统一分配，不得随便调换，一般也不互相借用。如有损坏应及时报告负责教师或实验室技术人员修理或更换，不得自行修理。
  （5）爱惜公共财物，注意节约各种实验器材和用品。
  （6）保持实验室整齐，不必要的物品不要带进实验室。实验完毕后，应将实验桌（台）擦拭干净，实验器材按规定的方法清洗，数点清楚，安放整齐。实验结束后，应立即洗手，必要时进行消毒处理。

（7）按组轮流清扫实验室，离开实验室时关好门窗、水电设备。

物证技术学实验基础技术

一、物证检验基本方法

1. 观察分析法

直接用肉眼或借助仪器，观察分析物证材料的外观形态、结构和细微特征表象的方法，它包括直接观察分析和间接观察分析。

（1）直接观察分析。是运用刑事技术的理论和实践经验采取直接观察的方式，是用肉眼从外观上研究物证的特征及其与外界环境之间联系。直观分析可为后续检验工作打下基础，也可为分析案情提供依据，有些物证材料则可直接成为证据。如案件中的书面语言材料，可确定书写人的年龄、文化、职业、身份以及居住范围、籍贯等。

（2）间接观察分析。也称显微检验，它是借助放大、显微仪器观察物证的微观形态、结构及理化性质，它是直接观察分析的延伸。用于间接观察分析的仪器主要有放大镜、生物显微镜、体视显微镜、比较显微镜、电子显微镜等。

2. 图像比对法

也称特征比对法，它是通过对物证图像与样本图像之间的对照比较，发现客体特征及其异同的一种方法。在物证检验中，供比对的图像有原物图像：如笔迹、手印、足迹、印刷图案等；复制图像：如指纹照片、人像照片、笔迹复印件、痕迹模形等；分析图像：如光谱图、色谱图、声纹图等。对这些图像进行比对时，一般采用并列比对、重叠比对、测量比对等方法。图像比对法是同一认定和种属鉴别中经常使用的方法，它又是同一认定中必须用到的方法。

3. 理化检验法

理化检验法是在刑事技术中经常采用的方法，分为物理检验法、化学检验法、仪器分析法三种。

（1）物理检验法。依据物证的物理属性，采用称量、嗅味、观察以及红外光、紫外光、激光照射等方法，主要测定物证的状态、气味、颜色等物理性质及其量度的方法。

（2）化学检验法。根据物证的化学属性，采用显色、沉淀、结晶、免疫等化学反应，主要测定物证的组成成分、化学结构、化学性质及其量度的方法。

(3) 仪器分析法。借助物理或物理化学原理所设计的理化分析仪器，对物证的组成成分、含量、结构进行分析的方法。主要有色谱分析法、光谱分析法、电化学分析法、质谱分析法、中子活化分析法、扫描电镜分析法等。

理化检验法在刑事技术检验中主要用于对物证的发现、提取和确定物证的种属，同时也可以为同一认定提供依据。

4. 数理统计法

数理统计法是运用数学的方法，对物证的特征及有关表象、图表等进行测量与统计，并对获得的数据进行加工整理和分析，以寻求对检验对象的规律性认识的一种方法。数理统计法在刑事技术检验中经常使用。如根据脚印尺寸对作案人鞋号的大小和身长的推算；在法医检验中，为推测死亡时间而使用的四元回归方程式都是这种方法。随着计算机技术的发展，数理统计法的应用将会更加广泛。

二、物证技术学实验常用基本技术

1. 显微镜技术

显微镜是物证检验中最为常用的基本技术。其主要功能是改善人们的视觉，对检验客体细小特征进行观察检验。

（1）显微镜的基本构造及操作。

显微镜主要分为三部分：机械部分、照明部分和光学部分。机械部分由镜座、镜柱、镜臂、镜筒、物镜转换器、镜台、调节器组成；照明部分包括反光镜、集光器。光学部分由目镜和物镜组成。

①机械部分：镜座，是显微镜的底座，用以支持整个镜体。镜柱，是镜座上面直立的部分，用以连接镜座和镜臂。镜臂，一端连于镜柱，一端连于镜筒，是取放显微镜时手握部位。镜筒，连在镜臂的前上方，镜筒上端装有目镜，下端装有物镜转换器。物镜转换器（旋转器），接于棱镜壳的下方，可自由转动，盘上有3~4个圆孔，是安装物镜部位，转动转换器，可以调换不同倍数的物镜，当听到碰叩声时，方可进行观察，此时物镜光轴恰好对准通光孔中心，光路接通。镜台（载物台），在镜筒下方，形状有方、圆两种，用以放置玻片标本，中央有一通光孔，显微镜镜台上装有玻片标本推进器（推片器），推进器左侧有弹簧夹，用以夹持玻片标本，镜台下有推进器调节轮，可使玻片标本作左右、前后方向的移动。调节器，是装在镜柱上的大小两种螺旋，调节时使镜台作上下方向的移动。分粗调节器和细调节器两部分。

②照明部分：反光镜，装在镜座上面，可向任意方向转动，它有平、凹两面，其作用是将光源光线反射到聚光器上，再经通光孔照明标本，凹面镜聚光作

用强，适于光线较弱的时候使用，平面镜聚光作用弱，适于光线较强时使用。集光器（聚光器）位于镜台下方的集光器架上，由聚光镜和光圈组成，其作用是把光线集中到所要观察的标本上。

③光学部分：目镜，装在镜筒的上端，通常备有2~3个，上面刻有"5×"、"10×"或"15×"符号以表示其放大倍数，一般装的是"10×"的目镜。物镜：装在镜筒下端的旋转器上，一般有3~4个物镜，其中最短的刻有"10×"符号的为低倍镜，较长的刻有"40×"符号的为高倍镜，最长的刻有"100×"符号的为油镜，此外，在高倍镜和油镜上还常加有一圈不同颜色的线，以示区别。

显微镜的放大倍数是物镜的放大倍数与目镜的放大倍数的乘积，如物镜为"10×"，目镜为"10×"，其放大倍数就为 $10 \times 10 = 100$。

（2）显微镜的使用方法。

①低倍镜的使用方法。

取镜和放置：显微镜平时存放在柜或箱中，用时从柜中取出，右手紧握镜臂，左手托住镜座，将显微镜放在自己左肩前方的实验台上，镜座后端距桌边1~2寸为宜，便于坐着操作。

对光：用拇指和中指移动旋转器（切忌手持物镜移动），使低倍镜对准镜台的通光孔（当转动听到碰叩声时，说明物镜光轴已对准镜筒中心）。打开光圈，上升集光器，并将反光镜转向光源，以左眼在目镜上观察（右眼睁开），同时调节反光镜方向，直到视野内的光线均匀明亮为止。

放置玻片标本：取一玻片标本放在镜台上，一定使有盖玻片的一面朝上，切不可放反，用推片器弹簧夹夹住，然后旋转推片器螺旋，将所要观察的部位调到通光孔的正中。

调节焦距：以左手按逆时针方向转动粗调节器，使镜台缓慢地上升至物镜距标本片约5mm处，应注意在上升镜台时，切勿在目镜上观察。一定要从右侧看着镜台上升，以免上升过多，造成镜头或标本片的损坏。然后，两眼同时睁开，用左眼在目镜上观察，左手顺时针方向缓慢转动粗调节器，使镜台缓慢下降，直到视野中出现清晰的物像为止。

如果物像不在视野中心，可调节推片器将其调到中心（注意移动玻片的方向与视野物像移动的方向是相反的）。如果视野内的亮度不合适，可通过升降集光器的位置或开闭光圈的大小来调节，如果在调节焦距时，镜台下降已超过工作距离（>5.40mm）而未见到物像，说明此次操作失败，则应重新操作，切不可心急而盲目地上升镜台。

②高倍镜的使用方法。

选好目标：一定要先在低倍镜下把需进一步观察的部位调到中心，同时把物像调节到最清晰的程度,才能进行高倍镜的观察。转动转换器,调换上高倍镜头,转换高倍镜时转动速度要慢,并从侧面进行观察(防止高倍镜头碰撞玻片),如高倍镜头碰到玻片,说明低倍镜的焦距没有调好,应重新操作。

调节焦距:转换好高倍镜后,用左眼在目镜上观察,此时一般能见到一个不太清楚的物像,可将细调节器的螺旋逆时针移动 0.5~1 圈,即可获得清晰的物像(切勿用粗调节器),如果视野的亮度不合适,可用集光器和光圈加以调节,如果需要更换玻片标本时,必须顺时针(切勿转错方向)转动粗调节器使镜台下降,方可取下玻片标本。

(3) 显微镜使用注意事项。

①持镜时必须是右手握臂、左手托座的姿势,不可单手提取,以免零件脱落或碰撞到其他地方。

②轻拿轻放,不可把显微镜放置在实验台的边缘,以免碰翻落地;保持显微镜的清洁,光学和照明部分只能用擦镜纸擦拭。

③切忌口吹、手抹或用布擦,机械部分用布擦拭;水滴、酒精或其他药品切勿接触镜头和镜台,如果沾污应立即擦净。

④放置玻片标本时要对准通光孔中央,且不能反放玻片,防止压坏玻片或碰坏物镜。

⑤要养成两眼同时睁开的习惯,以左眼观察视野,右眼用以绘图。

⑥不要随意取下目镜,以防止尘土落入物镜,也不要任意拆卸各种零件,以防损坏。

⑦使用完毕后,必须复原才能放回镜箱内。

2. 静电压痕仪显现技术

文字压痕是由于书写运动的压力作用,在衬垫的纸张上留下文字笔画痕迹。对于文字压痕进行显现,就是要设法加强压痕笔画与纸面明暗程度的差别,使无色、潜在文字变成有色文字以便认读。静电压痕显现成像技术可以显现比较微弱的压痕文字,不破坏检材,特别在对较大面积的压痕文字进行显现时效果较好。

(1) 静电压痕显现仪构造及显现原理。

①静电压痕显现仪的构造:主要由金属工作平台(工作台表面有许多微孔)、聚酯薄膜卷、真空泵、高压电晕充电杆四个部分组成。

②静电显现压痕工作原理:静电显现压痕是根据电容器的原理,有压痕部位与无压痕部位可以看做两个容量不同的电容器,在相同电场作用下,电容器与承载的电荷与电容成正比。将有压痕的文件纸张平放在静电压痕显现仪的金属真空工作台上,工作台表面有许多微孔,中间是空的,下面有尼龙管和真空泵连接。当接通电源后,泵便对工作台抽气,使成真空,将文件纸附在工作台上,纸面上

覆盖一层绝缘的聚酯薄膜，工作台便将薄膜连同纸张一起紧密吸附而形成电容器。此电容器与普通电容器不同，纸张为电容器的电解质，聚酯薄膜为上极板，工作台为下极板。在用电晕经非接触式充电后，电晕丝与工作台面之间的空气被电离，形成电子电流沉积在聚酯薄膜表面。由于纸张有压痕部位与无压痕部位电容量不同，因而沉积的电荷量不同，形成了电荷密度不同的静电潜像，经刷带电显影粉后可显示文字压痕。有压痕的纸张作为电解质被高压电晕数次充电后，文件上的压痕与纸平面之间会形成电位差，并感应薄膜形成稳定的电位图像（压痕文字潜像）。当带负电荷的黑色显影粉刷在聚酯薄膜上时，被无压痕部位的负电荷所排斥而被带正电荷的压痕部位吸附。有压痕处和无压痕处接受的显影粉量不同就形成反差，可以使聚酯薄膜上压痕的潜在图像清晰地显现。

（2）静电压痕显现仪显现压痕的一般性步骤。

①将带有压痕的纸张平放在静电压痕显现仪的金属真空工作平台上。

②拉出一层绝缘的聚酯薄膜覆盖在纸张上。工作台表面下面有尼龙管和真空泵连接。

③开启真空泵抽气，先低挡，后高挡，同时用干净的棉花拭平薄膜，直至薄膜连同纸张一起被紧密吸附在金属工作平台上。

④手持电晕充电杆，开启开关（杆内装有直径为0.1mm钨丝，通电后可达4500~5000伏的高压，产生离子放电），在距聚酯薄膜2~3cm处往返缓慢移动1~2次（约15秒）。

⑤关闭电晕开关，用毛刷蘸取少量显影粉，沿同一方向轻轻刷拭，这时纸张的压痕即可清晰地显现出来。

（3）静电压痕仪使用注意事项。

①一般情况下，压痕深的，静电压痕仪显现的效果较明显。书写人的用力习惯是形成压痕深浅的原因之一。书写人用力大，透印纸张数目就越多，遗留压痕文字的凹痕也越深。反之，用力小，透印纸张页数就少，压痕也相对浅些。

②书写时衬垫物的硬度也影响压痕字迹的显现效果。用同样的工具和压力在松软平滑的衬垫物面上书写，字迹的压痕深，透印纸张多，显现的效果较明显；在坚硬挺实的物面上书写，压痕浅，透印纸张少，显现的效果较差。

③不同性别、年龄和气质的人书写时由于运笔压力、气势往往不同，而留下的文字压痕也不同。大部分男性比女性写字留下的压痕深，不常写字的人写字压痕重，温柔、内向的人以及中老年人写字形成的文字压痕较轻。

④书写工具的种类也直接影响压痕文字的显现效果。在常用的书写工具中，圆珠笔和硬性铅笔书写形成的字迹压痕显现效果最佳，其次是签字笔字迹压痕，再次是钢笔，中性铅笔次之，软铅笔再次之。

⑤压痕文字的显现效果与湿度有关。一般情况下，温度在 20℃ 时，空气相对湿度在 40%～60% 时，显现的效果较好；40% 以下的湿度，将被检纸张放在加湿箱内加湿 2 分钟后立即进行检验，效果要好；湿度若超过 70%，则不仅不能加湿，反而需要适当干燥。

3. 视频荧光文检仪技术

（1）视频荧光文检仪应用原理。

文件的物质材料包括油墨、纸张、染料等有机物和能够形成记录痕迹的物质。不同物质材料在不同波段的光波下可能有不同种类的反射、吸收、穿透或受激发光的特性。视频荧光文检仪利用构成文件物质材料的这一特性，利用多种光谱组合观察检材，在一定条件下，发现文件上被擦去或改写、添加的字迹；观察已被掩盖或消退的原文；辨认烧焦了的或古老褪色的文件，从而揭露事实真相。

（2）视频荧光文检仪操作。

①首先打开电源开关，再打开仪器配用的监视器。

②然后分别打开激发光源作荧光检验，打开反射光源作吸收检验或打开紫外光源作紫外激发的荧光检验。其中使用激发光源时，可手动选择激发滤光片中的任意一个置于光路中。

③在使用反射光源作吸收检验时，可依被检文件图像在监视器上显示的情况将光强电位器调至适当位置。

（3）对观察的数据进行记录。

详细记录不同强度光源下显现情况及最佳光源组合的检测结果。

物证技术学实验报告的书写

物证技术学实验报告是如实记录实验的内容、方法与结果，并据此分析归纳作出结论的文字资料。实验报告是培养文字表达能力，实现实验课目的的重要环节。实验后，按实验要求写出实验报告。写实验报告时，应注意文字简练、通顺、整洁，正确使用标点符号。实验报告内容一般应包括：

（1）实验名称；

（2）实验内容；

（3）实验目的和要求；

（4）实验原理；

（5）实验器材；

（6）实验步骤；

(7) 实验结果;

(8) 实验分析;

(9) 实验结论。

实验报告的分析和结论的书写,是富有创造性的工作,应该严肃认真、实事求是,自主完成。

附:《物证技术学实验报告》的一般格式

物证技术学实验报告

系　　　　专业　　　　学号　　　　姓名　　　年　月　日

实验名称			实验时数	
组别		实验地点、时间		
实验目的				
实验内容				
实验原理				
实验器材				
实验步骤				
实验分析				
实验结论				
教师评语				
成绩				

第二部分　实验基础内容

实验一　摄　影　技　术

实验项目一　光学照相机使用

一、实验目的与要求

(1) 了解照相机的基本结构和性能。
(2) 掌握正确的持机和基本的操作方法。
(3) 掌握拍照的基本操作方法。
(4) 掌握拍照的曝光和景深控制的一般方法。
(5) 掌握电子闪光灯的基本操作方法。

二、实验原理

（一）照相机

照相机是利用透镜成像的原理了记录景物的一种装置。为了减少像差，提高成像质量，照相机的镜头一般都由多片透镜组合而成（效果相当于一个凸透镜）。

照相机的曝光是通过快门与光圈的调节完成的,光圈控制着照度,快门控制着曝光时间。因此,曝光量的大小,完全由光圈和快门的取值来确定,照相机上除有控制曝光量的装置以外,还有根据物距变化,调节像距的调焦装置,供取景构图的取景装置,装、卸胶卷的机构、自拍机构和闪光联动机构等。

景深指底片上成像所反映的景物清晰的纵深范围。拍照时,景深的大小可通过选择镜头的焦距、拍照物距和调整光圈的大小进行控制。

(二) 电子闪光灯

闪光指数是闪光灯的一项重要参数。用 GN 表示:

$$GN = L \times F$$

式中　GN:指数;

　　　L:闪光拍照时的直接闪光距离;

　　　F:镜头的光圈系数。

对于同一盏闪光灯,不同的感光度值对应有不同的闪光指数,因此,各闪光灯灯体上都有感光度、光圈系数、拍照距离、镜头焦距之间的关系表,以便拍照时参考。在得知其闪光指数后,可根据当时的拍照距离算出应当使用的光圈($F = GN/L$)。

三、实验内容

光学照相机及其附件的使用。

四、实验器材

单镜头反光 135 照相机、135 胶卷、电子闪光灯、三脚架、快门线。

五、实验步骤与方法

(一) 从外观上熟悉照相机各部件的结构名称、位置、状态及有关符号标记(如图 1-1~图 1-3 所示)。

实验一 摄影技术

图1-1 照相机结构一

图1-2 照相机结构二

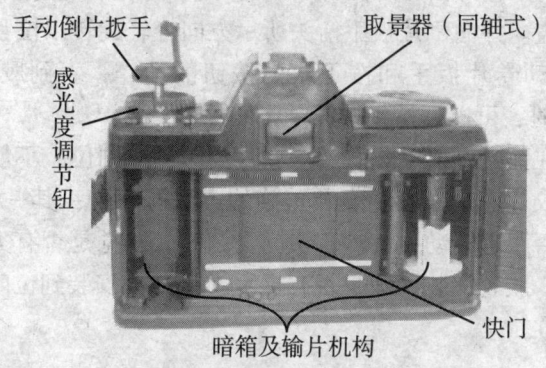

图1-3 照相机结构三

（二）操作照相机

1. 照相机的持握

把照相机放在左手掌心上，左手拇指和食指调节调焦环，左手拇指和中指调节光圈环，右手握照相机的防滑前握把，食指控制快门按钮。

2. 镜头的装卸

（1）卸镜头：用左手持握照相机的机身，左手拇指按下机身上的镜头装卸钮，右手握住镜头并逆时针方向旋转，直到转不动为止，这时，可小心地将镜头卸下。

（2）装镜头：将镜头上的红点对准机身上的红点，使镜头平稳插入机身内，向顺时针方向旋转，直到转不动并听到"咔嚓"声为止，镜头装好后，镜头不能回转。

3. 电池的安装

照相机上常用的电池有纽扣电池、5号电池、柱形电池。安装电池时，正负极性不能装反，以免损坏机件。

安装纽扣电池时，用硬币或其他类似的东西逆时针方向拧开电池盒盖，用干净的干布擦净电池两端，捏着电池的侧面将电池按正负极性装入电池盒盖的套筒中，把电池盒盖装回原处，顺时针方向拧紧。

使用需要电能才能运行的照相机时，要先把电源总开关打开。

4. 胶卷的安装

（1）打开后盖。向上提起倒片旋钮直至后盖自动弹开，将胶卷轴心突出的一端向下放入机身的胶卷暗盒室内，压下倒片旋钮使它嵌入原位锁住胶卷。

（2）将胶卷片头拉出至另一侧的卷片轴，把片头插入卷片轴的插槽内，胶卷放平，两边齿孔对准输片齿轮，随即转动卷片扳手，按下快门按钮，确认胶卷已经挂住，盖紧后盖。并向倒片扳手箭头所示方向轻轻旋转以拉紧胶片。

（3）重复转动卷片扳手和按下快门按钮的动作，直到胶卷计数窗上出现"1"字为止。这时，可以开始拍摄第一张照片了。

注意：不要在强光直射下装胶卷。卷片要缓慢并到位，不能用力过猛，以防损坏机件或拉断胶片。判断胶卷安装正确的方法有三种：其一，在快门上弦时，观察倒片扳手是否跟着转动；其二，快门上弦时，感觉是否有力；其三，有的自动上卷的照相机，胶卷安装正确与否有提示（例如：安装到位时，计数器显示为1，否则为0或S）。

5. 计数装置

一般照相机的计数与卷片是连动的，每卷一次片，计数一次，照相机计数由"S"开始，到36为止。

6. 倒片、取出胶卷

胶卷拍照完后，先按下照相机底部的倒片按钮，然后翻出倒片手柄，并向箭头（顺时针）方向均匀用力转动，当转动倒片手柄的用力突然变轻时，再转动半圈或一圈即可。向上用力提起倒片旋钮，使后盖弹开，即可取出胶卷。

7. 调节快门速度与光圈

调节快门速度，只要将快门速度盘中所需要的快门值对准快门指示刻线即可。从 B 门到 1/1000 秒共 12 挡速度都可以选择调整。要注意的是，快门不能调在两挡之间，否则会损坏快门机件。快门值大越，实际的曝光时间越短。

光圈的调节是通过左右转动光圈调节环来实现的，可根据需要，将所要求的光圈系数值对准指示红点（或刻线）即可。光圈值越大，光圈开孔越小。

8. 调节胶卷感光度指示盘

有内测光的照相机，都有感光度指示盘。拍照时，要将感光度调定在与所用胶卷感光度一致的位置上，否则，曝光将会有偏差。例如，若使用 ISO100/21° 的胶卷时，应把感光度指示刻度对在 ASA100 或 DIN21° 上。

9. 取景与调焦

从照相机的取景装置中可以观察到被拍景物的范围和清晰度。单镜头反光照相机为同轴取景方式，取景所看到的景物范围与实际所拍摄的完全一致。

调焦可通过左右转动调焦圈和观察取景屏上影像情况来完成，直至调到影像清晰为止。最常用的验焦方式是裂像式调焦方式。

10. 自拍机的使用

首先上紧快门，然后按指定方向将自拍扳手由上向下扳动 90°，拍照时按下快门按钮，自拍机便开始动作，延时 8～12 秒后，快门开启。如果要减少延时时间，可减少自拍扳手扳动的角度，但不得小于 40°。

11. 测光方法

半自动测光照相机有测光提示，而光圈和快门的调节仍由手动来完成。它在取景屏上的测光提示，一般有三种形式：指针指示、光点显示、数字显示。

（1）三灯显示：半按或按下快门按钮，在取景屏的一边，有三个不同颜色的光点，上下为红色，中间为绿色。当"＋"号红灯亮，表示曝光过度；当"－"号红灯亮，表示曝光不足；只有当中间绿灯亮时，为曝光合适。

（2）单灯数字显示：调节光圈值和快门速度，半按或按下快门按钮，取景屏右侧的红色光点会跟着闪烁，闪烁的红色光点处是正在使用的速度，另外，不闪烁的红色光点处是指示应该使用的速度。测光时，要不断调整光圈系数值和快门速度，使闪烁的与不闪烁的红色光点重合，即为曝光合适。

12. 景深标尺的使用

景深标尺是一种简易的景深表。它由以调焦基线（对光点）为中心，左右相互对称的两组光圈值组成。当调焦准确时，调焦基线两侧所选光圈值所对应的调焦距离值的差,即为景深范围。

13. 闪光同步装置

闪光同步是指闪光灯正好在快门完全开启的瞬间闪光,使正幅画面均感受到闪光。

在照相机的顶部有专供闪光灯使用的触点式闪光灯插座。使用时,只要将闪光灯底部推入闪光灯插座即可。有的照相机有闪光灯同步线插孔,将同步线一端插入闪光灯同步插孔,另一端插入照相机的闪光灯同步线插孔即可。

14. 三脚架与快门线的使用

(1) 三脚架。三脚架是拍照中固定照相机的装置之一,主要适用于1/30秒以下慢速快门的拍照,自拍和现场照相等,可防止照相机震动造成的影像模糊。使用时,先打开三个脚架支稳,再将照相机固定在云台上,即可进行拍照。

(2) 快门线。快门线是间接启动照相机快门按钮的软线。使用它可减少手工按动快门时所造成的震动。使用时,在固定好的照相机上把快门线一端与照相机的快门遥控线插孔连接,按动快门线的另一端,即可控制快门的开启。

(三) 拍照

1. 拍照不同光照条件的画面

按拍照要求,在由早到晚不同的时间段里,分别拍摄太阳光下、阴影里、室内自然光里的景物以及在夜晚灯光下拍摄景物。

2. 拍照不同曝光量的画面

以标准曝光量为基础,对同一景物分别以不同的曝光量进行拍照,获取不同曝光量的画面,待冲洗底片后观察不同曝光量对底片密度与拍照效果的影响。

3. 按标准曝光量拍照不同曝光组合的画面

对同一景物以标准曝光量为基础,以不同曝光组合进行拍照,拍出相同景物,相同曝光量,不同曝光组合的画面。

4. 拍照不同景别的画面

在拍摄方向、拍摄高度不变情况下,改变拍摄距离,分别拍摄远景、全景、中景、近景、特写。

5. 拍照不同景深的画面

对同一景物分别拍出大景深和小景深的画面。根据景深控制原理,使用大光圈或长焦距镜头或较近的拍摄距离,可拍得小景深画面;相反,可拍得大景深画面。例如,利用F/16及F/2光圈,在几米距离内,分别拍摄相同的具有一定纵深范围的景物,在照片上可感觉大小景深的变化与不同。

6. 拍照不同用光方法的画面

分别用顺光、前侧光、侧光、侧逆光、逆光和顶光等拍摄景物，从照片上体会不同用光方法形成的立体感、空间感及透视感的变化。

（四）电子闪光灯的使用

1. 熟悉部件名称及操作

从外观熟悉电子闪光灯的各部件名称及操作。

2. 用电子闪光灯进行一般闪光拍照

（1）安装电池：推开电池门，按照指示的正负方向装上电池，合上电池盖。

（2）打开电源开关，将开关推向"开"或"ON"位置，此时可以听到轻微的"嘶嘶"声。

（3）观察充电指示灯，当充电完成时，充电指示灯闪亮（充电时间长短以电池的电量的不同而不同）。

（4）将闪光灯与照相机的插座或连线连接，根据闪光指数表或 GN 指数调好光圈值，按下快门钮，闪光灯即可闪亮。

（5）闪光灯测试。正式使用闪光灯拍照前，可先对闪光灯进行测试。充电灯亮后，按下灯上的测试钮，测试单灯闪光是否正常。将闪光灯与照相机连接，打开照相机的后盖，把光圈调大，对着深色物体闪光，在后盖处观察闪光与快门是否同步。

3. 使用闪光灯拍照不同光照的画面

（1）用单灯不同快门时间正面闪光拍照景物。闪光灯与照相机插座连接或用连线连接，在较暗情况下拍照景物。用闪光最高限速的快门时间、高于最高限速的快门时间及低于最高限速的快门时间分别拍照，以区别同步速度与不同步速度的拍照结果。

（2）用单灯反射闪光拍照景物。单灯反射闪光用于减弱光强或改变光照方向。在这种情况下，最终投射到被射物体上的光线，与反光表面的反光率及间接距离有关。

（3）用多灯多向闪光拍照景物。使用两支或两支以上的闪光灯，从不同方向进行拍照。具体拍摄时，主闪光灯装在照相机上，其余多个闪光灯可以用软线连接，也可以安装同步感应器，分别置于各闪光点处，用三脚架固定好。各闪光灯的闪光距离应一致，并据此确定光圈系数。

（4）用 B 门多次闪光拍照景物。在全黑情况下，打开 B 门，根据选定的单次闪光距离确定光圈系数，然后按动闪光灯测试钮，对不同部位进行闪光拍摄。

（5）闪光与自然光混合拍照景物。在自然光与闪光灯混合照明的条件下，曝光比较复杂，要综合考虑各种光的不同效果，一般原则是：闪光灯的光线主要由照相机的光圈控制；自然光的光线主要由照相机的快门控制。

六、注意事项

（1）照相机属精密仪器，在没有了解性能及部件作用时，每一步操作要在教师的指导下进行。

（2）照相机要谨防震摔，在使用中，要把照相机背带挂在脖子上，以免意外跌落。

（3）操作照相机时用力要适中，遇到故障时，应及时向教师报告，不得强扭、硬扳或任意拆卸机件。

（4）使用自拍装置时，一定要严格遵守操作规程。

（5）勿用手指触摸镜头和快门帘幕，以防划伤和污染。清洁镜头表面时，要先吹拂，后用镜头纸擦拭。

（6）使用电池的照相机，在较长的时间不用时，应及时关闭电源；若长时间不用，最好把电池从照相机内取出，以防电池溢液腐蚀照相机零件。

（7）照相机使用完毕后，应将快门和自拍机释放，光圈开到最大，调焦至无穷远。

七、实验作业

按实验要求完成实验报告

八、研究与思考

（1）照相机的主要结构有哪些？
（2）照相机的快门值与曝光时间有何关系？
（3）照相机的光圈系数值与光圈的开孔大小有何关系？
（4）照相机的快门值与曝光时间有何关系？
（5）如何拍出小景深的照片？
（6）闪光灯单灯作为光源拍照时，如何控制曝光量？

实验项目二　暗房技术

一、实验目的与要求

（1）要求学生掌握负片冲洗的全过程。
（2）根据底片的密度和反差正确选配感光纸。
（3）掌握印放照片的曝光控制。
（4）掌握印放照片的显影、定影等全部过程。

二、实验原理

将已曝光的负片和配制好的显影液产生反应还原为可见影像，用定影液将影像固定下来。包括前浴、显影、停显、定影、水洗、干燥几个过程。

（一）负片冲洗

1. 前浴
在冲洗负片前将负片用水洗一次，溶去防光晕层的有色染料，润湿负片药膜层，保证显影均匀。

2. 显影
利用化学药品（显影液），使已曝光的负片所产生的潜影还原为可见影像。
$$银盐（已曝光）+显影液 \longrightarrow Ag + 显影氧化物$$

3. 停显
中和或降低显影液中的碱性，使显影停止。

4. 定影
用化学药品溶去负片中没曝光的银盐，使显出的影像固定下来。

5. 水洗
用水洗掉残留在负片上的各种化学药品和杂质，保证影像经久不变，防止褪色或发黄。

6. 干燥

将负片放在通风处晾干。

（二）正片制作

利用印相机或放大机，使光线通过底片在感光纸上形成潜影，经过化学处理获得正像，它应用了光的性质、感光纸的性能、显影液定影液的特性。在印相和放大过程中，底片影像存在着浓淡不同的密度，密度大的地方阻光作用大，通过的光线较少；密度小的部分阻光作用小，通过的光线较多。所以光线通过底片在感光纸上曝光就不同。经过显影，在感光纸上获得与底片影调相反的正像照片。

1. 印相原理

负片与相纸药膜面相对贴在一起，负片在下，相纸在上压紧在印相机的透明玻璃上直接曝光。获得相纸影像与负片影像大小相同，色调相反的结果。

2. 放大原理

通过光和放大镜头的会聚作用，使负片上的影像放大投射到相纸上曝光，形成潜影。当物距（负片到镜头的距离）小于像距（放大镜头到压纸板的距离）时为放大。放大倍率等于像距和物距之比。

3. 显影原理

与负片显影原理一样。

三、实验内容

（1）使用显影盘或显影罐冲洗黑白全色片。

（2）冲印放大照片。

四、实验器材

显影罐、显影盘、温度计、定时钟、量杯、夹子、剪刀、安全灯、D—72显影液、D—76显影液、酸性定影液、放大机、切纸刀、印相纸，如图1-4、图1-5所示。

实验一 摄影技术

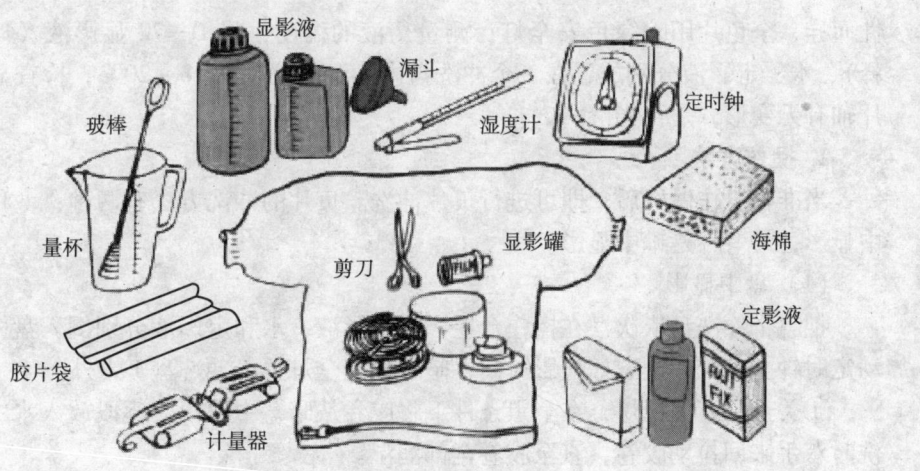

图1-4 负片冲洗的部分设备

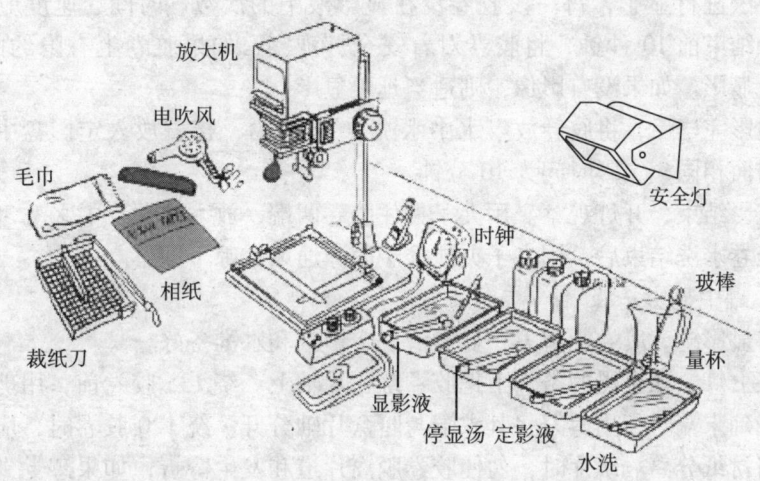

图1-5 黑白放大设备

五、实验步骤与方法

以实验操作为主,让学生自己完成所拍胶卷的冲洗及放大。教师以实验指导的方式,辅导学生完成实验内容。

（一）负片冲洗

1. 冲洗前的准备工作

检查暗房设备和器材的完好率,暗房不能漏光,安全灯的颜色因负片的感色性而异，全色片用暗绿色安全灯；测量药液的温度，将 D—72 显影液（1∶1 稀释）、水、定影液分别放置在三个冲洗盘内，温度控制在 18~20℃；检查显影罐片轴有无变形，是否光滑。

2. 操作方法

当准备工作做好后，即可进行负片冲洗。负片的冲洗方法有两种：一种是盘中显影，另一种是罐中显影。

（1）盘中显影。

把三个冲洗盘依次摆在操作台上，将显影液、水和定影液分别倒入盘中；拨动定时钟上满弦，设定好显影时间；暗绿色安全灯置于冲洗盘 1 米外。

①关上门，关掉灯，在全黑条件下将胶卷从暗盒中取出，逐段放入水中，水洗时双手来回拉动胶卷，直至胶卷全部润湿。

②胶卷从水里取出后，放入显影盘中的同时按下定时钟的开关开始计时。用水洗的方法进行显影，每一段胶卷浸在显影液中的次数、时间、速度应保持一致。显影结束前 10 秒钟，将胶卷对着安全灯观察，如果胶卷上有隐约的影像，即可停止显影。如果没有影像，则适当延长显影。

③显影完毕后，将胶卷放入水中水洗 20 秒左右，接着放入定影盘中，操作方法与前面相同，定影时间为 10 分钟。

④定影结束，开灯观察。用夹子夹住胶卷两端，放入水洗盘中水洗 30 分钟。

⑤胶卷水洗结束后，用夹子夹住挂于阴凉通风处晾干即可。

（2）罐中显影。

①将显影罐、胶卷、剪刀、显影液、定影液和水准备好。

②关上灯，在全黑的条件下把胶卷绕在片轴上。绕 135 胶卷前，用剪刀剪去片头，绕到末端时，用剪刀将其末端与暗盒片轴分开。绕 120 胶卷时，应回倒胶卷使其与衬纸分离。绕片时，勿使胶卷脱离片道和发生弯折，如果感觉到不正常的阻力或起伏不平，应回倒一段再装。装好片后，把片轴装入罐体里，盖上盖，开灯准备显影。

③将定时钟上弦，设定好显影时间（D—76 显影时间为 15 分钟）。

④将定量的显影液注入罐中的同时，按下定时钟开始计时。显影开始后在工作台上拍打罐体底部几下，以驱逐可能吸附在胶卷片体上的气泡。显影结束前 10 秒钟，启开小盖，将药液倒出，显影结束时，罐内药液刚好倒空。

⑤注入清水水洗一下后倒出，将定影液倒入罐中进行定影，定影要充分、彻底。时间为 10~15 分钟。

⑥定影结束后，倒出定影液。将胶卷放入流动水中冲洗 30 分钟左右，取出挂于无尘、通风处晾干即可。

（二）冲洗正片的操作方法

（1）取出底片夹装入底片，夹紧放入放大机，注意底片的药膜面朝下。

（2）关闭暗室照明光源，将镜头光圈开到最大，开启放大机光源。

（3）确定放大比例，调整好压纸板的边框。

（4）调整机头高低，让放大主体的影像充满画面，并调焦清晰。

（5）缩小两挡光圈，以满足景深或曝光需要。

（6）关闭放大机光源或在放大机镜头前遮挡红色安全滤光片，将放大纸药膜面朝上置于压纸板上摆正，压平。

（7）打开放大机光源曝光，曝光时间由梯级曝光试样确定，通过控制光圈，尽量使曝光时间在 6~10 秒之间。

（8）曝光后的相纸变成正片也要经过显影、停显、定影、水洗和干燥几个环节过程。

①显影：把 D—72 显影液按 1∶2 冲淡，温度控制在 18~20℃之间。放大纸显影时间为 2~3 分钟。在感光纸显影时，应将乳剂膜面向下，并用夹子按动纸背，使其均匀地浸泡在显影液中并不断翻动，约 1 分钟后影像开始显露。这时要注意照片的色调变化，直到影像完全达到显影要求为止。

在曝光正确时，照片显影不足，强光部分的层次就会显著减少，而显影过度，阴影部分的层次会大大损失，只有显影正常时，照片的影像才能得到丰富的层次和正常的反差。在安全灯下确定照片色调的深浅时，应比实际需要的色调深一些为正常。

②停显：显影后的照片浸入停显液中 10~20 秒，就可以达到停显的要求，其主要作用是使显影中止，防止显影过度影调不均，延长定影液的使用寿命。停显液一般用清水即可。

③定影：将停显后的照片放到定影液中，它的作用是溶解相纸中未感光的银盐，使已显影的影像固定下来。一般定影时间为 5~10 分钟，在定影时照片要适当搅动，以防止定影不透不均。

④水洗：将定影好的照片放入流水中进行漂洗，水洗 5~10 分钟即可。

⑤干燥：把水洗后的照片的药膜面贴在上光板上，盖上压布，然后用橡皮滚轮滚压数次，待照片干燥后，打开压布，照片就会自动从上光板上脱落下来，最后，用切纸刀把照片切好。

六、注意事项

（1）冲洗前应检查暗房是否漏光，以免胶卷报废。

(2) 盘中显影时，胶卷与空气接触的机会多，容易产生灰雾，乳剂膜也容易受损。

(3) 罐中显影时，如绕片不熟练，胶卷常常会重叠，使底片画面上出现斑块，致使拍照前功尽弃。

(4) 严格按冲洗工艺进行，以胶卷生产厂家推荐的配方所规定的浓度、温度和时间为准。

(5) 新旧药液不能混用，严禁显影液与定影液相互渗入。

(6) 定影时间不能超过配方规定的时间过久，否则，底片会出现减薄现象。

(7) 胶卷容易刮伤，冲洗时应小心操作。

七、实验作业

将冲洗出的负片编上序号，从曝光量、显影程度、密度和反差等方面进行分析，并将分析结论写入实验报告。

八、研究与思考

(1) 试述负片冲洗原理。
(2) 影响负片冲洗效果有哪些因素？
(3) 冲洗负片，为何不能先定影、后显影？
(4) 底片与相纸应如何搭配？
(5) 曝光与显影有何关系？

实验项目三 数码照相

一、实验目的和要求

(1) 了解数码照相机的主要结构和性能。
(2) 掌握数码照相机拍摄景物的基本方法。
(3) 掌握数码照相机各种功能的使用方法。

二、实验原理

数码照相机的工作原理与传统照相机的工作原理是不同的。传统照相机是以化学方法将影像记录在卤化银胶片上；而数码照相机则用快门来激活光敏图像传感器，光敏传感器由许多单元（又称像素）组成，它们把光信号转换成电信号，然后电信号经过模数转换，变换成数字信号并进行处理，得到的数字图像数据被传送到照相机的另一块内部芯片上，进行压缩后转换成照相机内部存储格式，最后，把生成的图像保存在内部存储器或外部存储器上。数码照相机拍摄的图像可直接显示在数码照相机的显示屏上，或通过计算机显示器显示，最后，由打印机打印出图片，如图 1-6 所示。

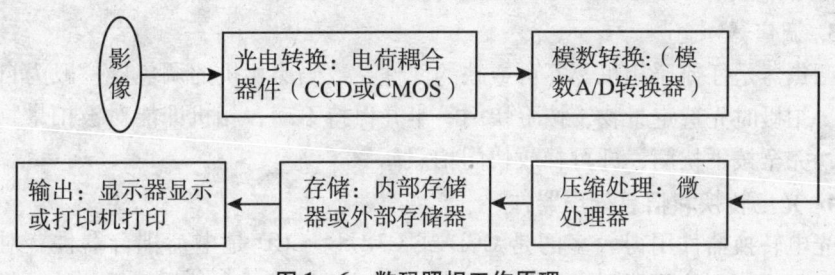

图 1-6　数码照相工作原理

三、实验内容

（1）熟悉数码照相机结构。
（2）使用数码照相机进行拍摄实验。

四、实验步骤与方法

（一）了解数码照相机结构

数码照相机在结构上也有镜头、光圈、快门、调焦器等和普通相机相类似的构造，此外，数码照相机尚有 CCD、存储器、液晶显示器等部件，另有一系列功能键。

1. 光学成像系统

主要是光学镜头。但由于数码照相机的 CCD 比传统的感光片小得多，故要求数码照相机的镜头成像质量更高。数码照相机的光学成像系统由镜头保护玻璃、透镜、光学低通滤光器、红外线截止滤光器、CCD 保护玻璃、CCD 影像传感器等组成。

2. 光圈与快门

光圈与快门是数码照相机控制曝光量的主要部件，与传统照相机的作用相同。设置变焦镜头的数码照相机,有的没有完整的系列光圈系数,只有几级,但镜头处于广角位置时的光圈系数比镜头处于望远位置时的光圈系数要大。快门速度由 1/4 秒至 1/1000 秒,以配合不同大小光圈下的程序式自动曝光。目前的数码照相机未见有 B 门设置。为了方便用户,数码照相机目前多数都具有自动曝光功能,同时也给出 CCD 的感光度,用相当于感光片的 ISO 表示,一般有 ISO100、ISO200、ISO400 等。许多数码照相机的 CCD 的感光度为 ISO100,即使用这种数码照相机所需的曝光量相当于使用 ISO100 感光片所需的曝光量。专业数码照相机 CCD 的感光度可达到 ISO3200,这对刑事摄影非常有利。

3. 调焦器

调焦器是任何照相机都不可或缺的部件,数码照相机的调焦器一般为自动调焦器,拍摄时先选定景物,按下快门一半并保持不动,相机即能对被拍景物自动聚焦,完全按下快门,即可释放快门拍照。

4. 光电转换和信息处理器件

光电转换器件用得较多的是 CCD 或 CMOS。CCD 是电荷耦合器件,对光敏感,一般为固态拾像器。目前的数码照相机 CCD,尺寸有的为 2/3 英寸,像素达到 1410000 以上。CMOS 与 CCD 虽然材料不同,但功能一样。数字信号处理器 DSP 是数码相机的中央处理器,CCD、A/D 转换器件、LCD 及数码照相机的控制面板等,都由它控制。

5. 存储器

数码相机中的存储器用于保存图像。数码照相机的存储器有几种情况:

(1) 有的数码照相机,没有内存储器,使用时要与普通计算机相连,把拍摄所得影像直接传给计算机存储。

(2) 只使用内部存储器。低档的数码相机以内装存储器为主,其缺点是当内装存储器存满后,必须暂时停止拍摄,要等到存储的图像数据经处理输出之后才能继续拍摄。

(3) 可以外接使用存储卡。对于存储卡形的照相机,只要有备用的存储卡,就可以像换胶卷一样,拍摄张数不受限制。存储卡属于可移动式的存储介质,其里面的图像数据经处理输出之后,存储卡又可重新使用。这些存储卡有:

PC 卡。PC 卡是使用最多的可移动式存储器,是可插拔的外存储设备,大小与信用卡相近(54mm×85.6mm),设计得正好能插入一个 PCMC 队插槽。一些数码相机把 PC 卡用做唯一的存储器,也有的数码相机有内部存储器,仍支持 PC 卡作为扩展的存储器,存在 PC 卡中的数字图像可以通过 PC 卡读取器输入电脑。PC 卡的优点在于可以大量存储照片,可以重复使用,而且可以根据不同的内容将同一类的照片存在一张卡上。

闪速存储卡（Flashcard）。闪速存储卡采用 PC 卡标准，其特点是比 PC 卡小，可直接插入便携式电脑的 PC 卡插口，将信息输入便携式计算机，也可用 PC 卡信息读取器将信息读出后输入便携式计算机。

PC 卡和闪速存储卡目前有 4MB、8MB、16MB 三种 Flash 存储产品。Compact Flash 存储卡采用 Sdandard/IDE 接口界面，配备有专门的 PCMCIA 转换卡，笔记本电脑的用户可直接在 PCMCIA 插槽上使用，使数据很容易在数码相机与电脑之间传递，而且 PCMCIA 传输速度比 RS-232 快 10 倍。

SSFDC 固态软盘卡。即 Smad Media 卡，体积很小，只有火柴盒大小，不能直接插入计算机和 PC 卡读取器，必须将其装入一个转换器后才能插入 PC 卡读取器或便携式计算机的驱动器，然后就可像机卡和标准闪速存储卡一样调出信息。AGFA、FUJI、OLYMPUS 等厂家生产的数码照相机，一般使用此种卡。

MC 微小形存储卡。由英特尔公司等和柯尼卡公司合作开发，外形尺寸 38mm×33mm×3.5mm。

小形数据光盘。直径为 6.4cm，存储容量为 140MB，可存的静像画面在精细像质方式时为 1000 幅，标准像质方式多达 2000 幅，还可附加声音和摄影数据。

3.5 英寸软磁盘。容量为 1.4MB，记录相片的数量虽不多，但价格远比快闪存储器低。

6. 液晶显示屏

除用以显示拍摄的影像外，前以用以显示日期、时刻、帧数、菜单、误码、印相、保护等信息。或用以显示控制面板的有关信息，如记录模式、相片剩余帧数、插卡错误、闪光模式、自拍模式、近拍模式、定点测光模式、电池状态确认、曝光补偿、手动自平衡、连拍、图像记忆条棒、外接闪光信息等。

7. 输出接口

数码相机所拍摄的影像须下载给计算机进行处理，目前数码相机的输出方式可分为接口传送方式、存储卡传递方式以及视频传送方式。

接口传送方式。绝大多数数码相机上设有与计算机相连接的串行接口（Seria Port）RS-232c，采用串行接口 RS-232c 连接较为简单，但传输信号的速率较低。部分轻便形数码相机与计算机相连采用高速 SCSI 接口，并配备有连接电缆，只要用电缆将数码相机与计算机的相应端口相连，运行相应软件就可将数码相机存储器中的影像文件调入计算机。未来的趋势是采用 USB 通用串行总线和红外通信接口传递。

存储卡传递方式。包括数据光盘和软磁盘方式。PC 卡和采用 PC 卡标准的闪速存储卡可直接插入便携式电脑的 PC 卡插口，将信息输入计算机，也可用 PC 卡信息读取器将信息读出后输入便携式计算机；SSFDC 卡须装入转换器后才能插入 PC 卡读取器或便携式计算机的驱动器，然后就可像 PC 卡和标准闪速存卡一样调出信息。此外，采用小形数据光盘和 3.5 英寸软磁盘则可直接将光盘或软盘插入计算机上的驱动器。

视频输出方式。部分数码照相机除了具有与计算机连接的端子外，还有视频输出端子，即 TV－VIDEO 端口，可与具有视频输入端的监视器或电视机相连接，通过这些设备显示和观看数码相机所拍摄的影像。数码相机也可通过视频输出端子与录像机相连接，输出信号直接存入录像带或录像光盘。

（二）使用数码照相机的基本步骤与方法

（1）插入存储卡。打开插卡仓盖，按照相机箭头所示方向，将规定形号的存储卡插到底，插卡不能在通电情况下进行。

（2）接电源。数码照相机一般可用 AA 形碱性电池 4 节。打开电池室，按照正负极装进去即可。在室内拍照，若想使用交流电的，可直接使用交流电源转接器。

（3）按下电源开关，接通电源。此时控制面板上显示出电池电量、拍照质量及其他信息。

（4）将记录/播放开关拨到记录挡位。

（5）对准被拍物体取景后，按下快门钮至一半位置，锁定聚焦，这时可拨动变焦控制拨杆，选取拍摄范围。当相机上绿色指示灯亮时，全部按下快门钮，即可将物体影像拍摄下来。此后重复本步骤，即可拍第二张、第三张……

（三）使用数码照相机不同功能拍照

1. 使用闪光灯

当进行拍照时，若照相机取景器出现橙色灯闪烁等警告信号，说明环境较暗，需用闪光灯。将闪光灯弹起，待橙色灯闪烁变为不闪烁的橙色灯，说明闪光灯充电足够，全部按下快门钮，即可拍照。

2. 近拍、自拍、连拍

分别按下近拍键或自拍键或连拍键，待控制面板出现相应近拍图案或自拍图案或连拍图案，即可分别实现近拍、自拍、连拍。

3. 影像质量、自动曝光补偿、白平衡（WB）、拍摄日期的调整与选择

（1）影像质量。

数码相机可有三种记录模式（SHQ/HQ/SQ），即三种质量选择。其中 SHQ 为超高质量，HQ 为高质量，SQ 为标准质量。SHQ 记录下来的像素最多，因而每张存储卡能记录的照片数量最少；HQ 记录下来像素为其次；SQ 记录下来的像素最少，因而其能拍摄的张数最多。在实际工作中，拍摄人像或痕迹物证照片时，最好用 SHQ 超高质量，拍现场时可用 HQ 高质量或 SQ 标准质量。

（2）自动曝光补偿。

自动曝光补偿模式，可使拍摄者在曝光上有更多的选择。目前的数码照相机，常见的曝光补偿有 +3STEP、+2STEP、+1STEP、0、-1STEP、-2STEP、-3STEP 七级。0 是正常曝光；分别比 +3STEP、+2STEP、+1STEP 正常曝光多 3 级、2 级、1 级曝光。-1STEP、-2STEP、-3STEP 分别比正常曝光少 1 级、2 级、3 级曝光。

（3）白平衡。

拍摄彩色照片时必须考虑白平衡问题。普通照相，白平衡的调整是通过加色温滤光镜进行，而数码照相机为用户设计了自动及手动白平衡两种模式。如 AUTO、3000K、3700K、4000K、4500K、5500K、6500K。其中 AUTO 是自动设定，其他都是手动设定。正常情况下，白平衡选择自动模式；在特殊光线下拍摄时，或想制作特殊效果时，可选择手动设定。若手动设定的色温比实际色温高，拍摄的照片偏红；相反，则偏蓝。

（4）拍摄日期。

选择此模式，可输入或调整时间（TIME）、打印（PRINT）、编制（FORMAT）、年（YEAR）、月（MONTH）、日（DAY）、小时（HOUR）、分钟（MINUTE）。

4. 重现影像与删除影像

（1）重现影像。

将记录/播放开关拨到播放（PLAY）位置，按下电源开关，影像即开始重现。用"+/-"可逐个选择所要重现的影像。

（2）删除影像。

删除影像有两种方法，一种是删除当前屏幕上的影像，方法为按下相机顶部的删除按钮即可。第二种是删除全部影像，方法为打开菜单，找到"ERASEA ALL"按下 OK 按钮，再按菜单退出即可。

五、注意事项

（1）严格按程序操作，避免损坏数码相机。

（2）在拍照中注意数码照相与普通照相的区别。

六、实验作业

按规定完成实验报告。

七、研究与思考题

(1) 什么是数码照相？
(2) 数码照相工作原理？
(3) 数码照相与普通照相有何异同？

实验项目四　现 场 照 相

一、实验目的

(1) 熟悉现场方位照相、概貌照相、重点部位照相、细目照相的内容和拍摄要求，明确四项内容拍摄目的、范围和注意事项。
(2) 掌握现场照相的拍摄步骤、方法及原则。
(3) 能够熟练运用现场照相的基本方法完成室内现场的拍摄。
(4) 掌握室内现场闪光灯的配光方法。
(5) 熟悉现场照片制作的规范性要求，掌握现场照片制作的步骤和方法。

二、实验原理

运用普通照相的成像原理和拍摄技术，按照现场勘查的程序和现场照相的步骤、要求和原则，运用单向、相向、多向、回转连续、直线连续等现场照相的各种方法，客观、真实、全面、系统地拍摄现场方位，现场概貌、现场重点部位和遗留在现场上的犯罪痕迹、物品。

三、实验内容

(1) 拍摄现场照片。
(2) 制作现场照片案卷。

四、实验器材

(1) DF-135 照相机（配标准镜头）、35mm 广角镜头或 28~70mm 变焦镜头（或数码相机）。

（2）电子闪光灯（指数为 28 以上）、现场勘查灯或新闻摄影灯。

（3）闪光同步线或同步感应器、快门线。

（4）三脚架、遮光罩、测光表。

（5）方向指示标志、黑白比例尺。

（6）135 黑白全色胶卷（21°）或彩色胶卷。

（7）室内模拟现场所需物品。

（8）裁刀、直尺、胶水、红色中性笔、黑色中性笔及白色特种笔等。

五、实验步骤与方法

每两人为一组，配备一套照相器材，根据实验指导教师布置的实验内容和要求以及对模拟现场的案情介绍，在指定的模拟现场拍摄。

（一）做好拍摄前的准备

（1）检查拍摄器材和模拟现场是否完备。

（2）了解实验内容、程序、步骤和方法。

（3）做好小组分工，责任到人。

（二）明确拍摄原则

先拍概貌，后拍重点部位、细目；先拍原始，后拍移动；先拍地面，后拍上部；先拍容易破坏、消失的，后拍稳定的；先拍易，后拍难；先拍急，后拍缓；现场方位的拍摄，应根据情况灵活安排。

（三）熟悉拍摄步骤

1. 了解模拟案情

到达指定的模拟现场后，听取实验指导教师对模拟现场的案情介绍，了解案件发生、发现的时间、地点和经过，现场原始状况、变动情况及保护措施，出入现场的人员及原因。

2. 巡视并固定现场

在初步了解案情后，首先与现场勘查人员共同对现场外围环境、现场范围和内部状况、犯罪嫌疑人出入通道以及现场遗留的痕迹物证的分布等进行静态观察，同时，应迅速准确地对现场概貌状况进行拍摄固定。

3. 制订具体拍摄计划

（1）确定现场照相四方面内容的先后顺序。

(2) 每一现场照相内容大约拍摄几幅画面，用何种方法拍摄，如何取景、配光以及拍摄点的选择。

(3) 在拍摄过程中应与有关勘查人员密切配合，根据整个现场勘查程序以及勘查人员工作中新的发现，随时调整拍摄计划，以适应整个现场勘查工作的需要。

（四）运用常用拍摄方法拍摄

1. 单向拍摄法

从一个方向对现场某一被拍对象或某一个侧面进行拍摄的方法。单向拍摄法在现场照相中多用于现场概貌照相，现场重点部位照相和现场细目照相，对某些案情比较简单、场面比较小、环境不太复杂的犯罪现场的照相方法也可运用单向拍摄。

2. 相向拍摄法

以相对的两个方向、相等的距离对被拍物进行拍摄的方法，用以表现现场中心部位的状况及其与前景和后景的相互之间的关系。

相向拍摄法在现场照相中运用较多，例如，反映处于狭长地段的现场方位，反映呈长方形现场的概貌，反映重点部位与前后景物的关系等均可运用这种方法。

3. 多向拍摄法

从几个不同的方向，以相等的距离对被拍物进行拍摄的方法。一般多从三个或四个方向拍摄。

多向拍摄法能够全面反映现场中心部位与周围环境及痕迹物证的关系。因此，被广泛运用在现场方位、概貌和重点部位照相中。

4. 回转连续拍摄法

固定拍摄机位，水平或垂直方向转动镜头，将被拍客体分段连续拍摄成若干画面的拍摄方法。

回转连续拍摄法易产生影像变形，因此，主要适用于场面比较大、拍摄位置又受客观环境限制无法后退的现场方位照相和现场概貌照相。在后期制作时，要把所拍的几张照片连接成一张完整的照片。

5. 直线连续拍摄法

相机焦平面和被拍物平面平行、等距，沿着被拍物直线移动并将其分段连续拍摄成若干幅画面的拍摄方法。

直线连续拍摄法在现场照相中主要用于狭窄的地段、成趟的足迹、血迹、长条形的车轮痕迹等的拍摄。在后期制作时，将这些照片连接成一张完整的照片。

（五）模拟现场拍摄

根据指定的室外模拟现场具体情况，按照制订的拍摄计划，实施拍摄。

1. 室外现场拍摄

（1）现场方位照相。以整个现场和现场周围环境为拍摄对象，反映犯罪现场所处的位置及其与周围事物关系。

在自然光下，运用直线连续拍摄法拍摄现场方位。

拍摄现场方位也可运用回转连续拍摄法。使用标准镜头，将照相机固定在三脚架上，正对现场拍摄一张，将相机向左回转约20°拍摄第二张，再向右回转约40°拍摄第三张照片。

对于较小的现场，可使用广角镜头，选择较高的位置俯拍。

对于长条形现场，可运用相向拍摄法。

（2）现场概貌照相。以整个现场或现场中心地段为拍摄对象，反映现场的全貌以及现场内各部分的关系。

使用标准镜头，运用多向拍摄法拍摄现场概貌。根据室外现场范围划定一个方形范围，以现场重点部位（例如尸体）为前景从四个方向拍摄。四次拍摄的距离、高度、曝光量应一致。自然光配光时，应尽量避免逆光和反光。

现场概貌也可使用广角镜头，从较高的位置单向拍摄，以把现场全部摄入并充满取景器为准；也可运用相向拍摄法，根据现场范围，以重点部位为圆心划定一个圆，两次的拍摄点到圆心的距离应相等，取景以最大限度地反映现场范围并能充满取景器为准。

（3）现场重点部位照相。以现场上重要部位或地段为拍摄对象，反映其状况、特点以及与犯罪有关痕迹、物品所在部位及其相互之间的关系。

使用标准镜头，运用相向或多向拍摄法对重点部位进行拍摄。例如从尸体的两侧拍摄，反映尸体及其周围的状况（不得从脚或头的方向拍摄）。如果条件所限，自然光配光角度无法调整，出现逆光照射时，需用闪光灯补光。

重点部位的拍摄也可使用标准镜头，运用单向拍摄法，采用近景的表现手法，拍摄点应选择在较高位置。

（4）室外照相配光方法。室外现场一般采用自然光配光。在自然光下拍摄时，应根据光照角度合理运用光线，一般尽量以顺光和前侧光进行配光，避免使用逆光。

日出日落时，应避免顺光和逆光拍摄，否则，会产生物体投影过长、影调平淡、层次不清、正面较暗的缺陷。

由于天气原因，造成现场光线较暗时，或由于光照角度无法调整，造成景物有阴影时，可用闪光灯或其他人造光源进行辅助配光。

夜间室外现场需用人造光源配光。通常用闪光灯进行多灯多向闪光法或单灯分段闪光法配光。

2. 室内现场拍摄

（1）在室外，使用标准镜头或广角镜头，正对或斜对门口拍摄一张，反映门口及门外侧的情况。如果自然光较好时，可不使用闪光灯。

（2）使用标准镜头，运用多向拍摄法，以房间四面墙的中点为拍摄点或以房间的四个墙角为拍摄点，反映现场概貌；也可运用相向拍摄法，从门及其对应位置相向拍摄，或从两个相对应的墙角位置相向拍摄，反映现场概貌。一般采用单灯直接闪光法或间接闪光法，也可使用现场勘查灯或新闻灯配顺光照射。

（3）拍摄室内现场概貌还可以运用回转连续拍摄法在门口对室内现场进行拍摄。使用标准镜头，将照相机固定在三脚架上，正对现场拍摄一张，将相机向左回转约20°拍摄第二张，再向右回转约40°拍摄第三张照片。为使现场概貌更为全面可在门的对应位置斜侧面，再对靠门的一面拍摄一张。

（4）对于较简单的现场，可使用广角镜头，选择较高的拍摄点，以能反映现场出入通道，把现场全部摄入并充满取景器为准。如室内某一墙角。

（5）运用相向拍摄法对现场重点部位进行拍摄。一般采用连体单灯闪光法，也可使用现场勘查灯或新闻灯配顺光照射。

重点部位的拍摄也可使用标准镜头，运用单向拍摄法，采用近景的表现手法，拍摄点应选择在较高位置。

（6）利用闪光灯配光，运用直线连续拍摄法拍摄长距离痕迹物证。将照相机固定在三脚架上并正对被拍物中心，使用标准镜头并将镜头的光轴垂直于被拍物的平面，根据被拍物的放置皮尺，拍摄第一张；然后向左等距离地移动相机，从取景器内观察，使画面右边缘与第一张照片左边缘有1/4～1/5的重叠，拍摄第二张照片；再向右等距离地移动相机，使画面左边缘与第一张照片的右边缘有1/4～1/5的重叠，拍摄第三张照片……

（7）室内拍摄常用的配光方法有：

①连体单灯闪光法。将闪光灯直接固定在照相机上与拍摄同步配光。

②间接闪光法。将闪光灯上仰或两侧偏转一定角度，不直接照射被拍物，利用反光板、墙壁、天花板等洁净的浅色物面的反射光，间接照射被拍物的进行配光。

③多灯多向闪光法。使用两只以上闪光灯，通过闪光同步线或同步感应器相连接，其中一只闪光灯做主光，另外几只闪光灯做辅光。从不同的光位分别照射被拍物进行配光。

④单灯分段闪光法。先将照相机固定好并开启快门（快门线控制，快门打到"B"门），选择不同位置，用一只闪光灯分段闪光的配光方法。闪光的顺序应先远后近，分段的多少要根据现场范围的大小和闪光灯的指数来定，要注意光照均匀和防止灯光或持闪光灯者被摄入画面。

对于室内有逆光的现场，例如，阳光从拍摄方向的窗口直接射入室内，为防止逆光产生光晕，可将有逆光的窗户全部遮挡好，用灯光照明，但要有主、辅光相配合，其光比为3∶1或4∶1之间。

（六）制作现场照片案卷

1. 照片的选用和剪裁

（1）照片的选用。

①选用能够完整反映现场主题要求的照片。

②选用反映现场方位、概貌、重点部位和细目照相之间相互关系的照片。

③选用痕迹物证照片要求比例尺不得变形，制作比例要准确。

④选用构图完整、反差适中、影像清晰的照片。

（2）照片剪裁。

剪裁是在制作现场照片过程中，对拍摄的画面内容再次构图。它最终规定底片和照片的画面中各个相互关系和空间分配、画面的影调、线条、色彩以及照片的形式和规格。剪裁必须服从照片的内容，就是以犯罪现场的状况及每幅照片表现的对象为剪裁的依据。照片剪裁的规格尺寸和要求如下：

①照片的长宽比例应为8∶5左右。

②反映现场方位、概貌、重点部位的照片，尺寸应为5英寸×8英寸或3.5英寸×8.5英寸。

③辅助性照片和特写照片的尺寸应为2.5英寸×3英寸。

④痕迹物证照片应按比例放大。通常情况下，指纹放大3倍，足迹放大0.5倍，弹底痕迹放大4倍，弹头痕迹放大10倍。其他痕迹物证的放大倍率，以清晰反映形象特征为前提。

⑤剪裁照片时，不得遗留白边或裁切为花边。

2. 照片的编排

（1）编排的要求。

①简明扼要，系统连贯，内容循序渐进，环环相扣。

②照片布局合理，疏密相间。

③编排完整确切，清楚反映案件的发生、发展和结果。

（2）编排的形式。

①以时间推移为序进行编排。
②以犯罪现场地点条件的变化为标志进行编排。
③以现场被侵害的中心为起点逐步展开进行编排。
④以现场各个部位的性质来分类进行编排。
实验时可根据模拟现场的具体情况合理编制。

3. 照片的粘贴

按照现场照片编排好的次序，将照片贴在专用卡纸上，粘贴要平整、清洁、牢固，不得变形。

4. 现场照片的标引（如图1-7）

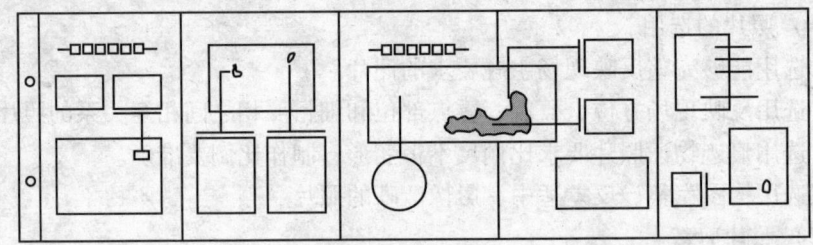

正确的标引方法

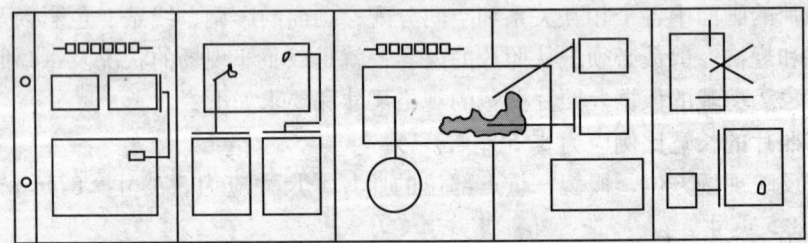

错误的标引方法

图1-7

（1）标引的对象。
①照片中不易看清的部位。
②需要突出的部位以及需要突出的痕迹、物证。
③需要表明物与物之间的关系以及照片与照片之间关系的部位。
④其他反映主次关系的部位。

（2）标引的要求。
①标引线通常为红、黑色，以照片与标引线反差适中为宜。特别黑暗的照片，可用白色特种笔标画。
②标引线应为单行连续的直线，其宽度不宜超过0.8mm。

③标引线应与卡纸边沿平行，折弯处应为直角。标引线之间不宜交叉。
④标引线的指向要准确，使用符号要规范。
（3）常用符号。

○ ……………………………………………（标示现场或现场中心所在部位）
△▲ ………………………………………………（标示痕迹、物证所在位置）
↑↓ ……………………………………………（标示方向或痕迹、物证特征）
①②③ ……………………………………………………（标示物体、物证、痕迹）
○○○ ………………………………………（标示类形相同的多处痕迹、物证特征）

5. 文字说明

照片内容是基础，是文字说明的依据，文字说明是照片说明的拓展和延伸，二者相辅相成。现场照片文字说明的用语要准确、精练、通顺、工整，不得使用"大约"、"相似"等模棱两可的词语。

（1）案情简介。包括案件发生的时间、地点、概况及其他需要说明的问题。

（2）目录编制。根据现场情况（第一现场、第二现场……）和照片反映的内容编制目录，并标示页码。

（3）照片说明。根据照片反映的对象和拍摄时使用的技术方法，对相关照片作简要说明。

（4）文字说明应为印刷字体（宋体或楷体），计量单位用阿拉伯数字及通用符号（m、cm、mm）。

（5）涉外案件的现场照片，应用中、外两种文字说明。

6. 案卷装订

现场照片卷由封面、封二、目录和正文（照片部分）构成，按顺序和页码以左装式平订平装本装订。装订好的现场照片卷应洁净、平整、牢固。

六、注意事项

（1）注意安全，遵守纪律，爱护器材设备，不得随意更改现场物品的布置和摆放。

（2）严格按照操作程序进行操作，将模拟现场视作实战现场，认真拍好每一张照片。

（3）运用多向拍摄法时应注意以下几点：

①各拍摄点与被拍物中心的距离和高度尽可能相等，并均匀地分布在现场中心部位。

②应尽量避免逆光拍摄，必要时可进行补光。

③每张照片的曝光组合、放大倍率、反差、影调、色调以及照片尺寸等要一致。

④取景构图时，要处理好重点和全面的关系。

(4) 运用回转连续拍摄法时应注意以下几点：

①拍摄点应选在尽可能较高、较远的位置，并正对被拍摄对象的中心，被拍摄的主要物体应安排在画面中显著位置，并要避免被其他物体遮挡。

②拍摄时应将照相机固定在三脚架云台上，转动照相机改变拍摄方向时，要使相机保持水平，要避免转动轴移位，以尽量减少影像的变形。

③两个相邻画面要有适当重叠的部分，重叠部分约占整个画面的1/4～1/5为宜。连接线应选择在重叠部分的某一有明显标志的直线条物体上，如房角、电线杆、树、墙等，不可选在与案件有关的主要物体上。

④每个画面的调焦距离、选用的光圈应一致。否则会造成各幅画面影像的景深范围及影像大小有差异，给照片的连接带来困难。

⑤每张照片的曝光组合、放大倍率、反差、影调、色调及拍摄尺寸等要一致。

⑥应使用标准镜头，不宜选用广角镜头，以减少被拍景物影像的变形。

(5) 运用直线连续拍摄法时应注意以下几点：

①每幅画面都要保持等距离、垂直情况下拍摄，以防止影像变形。

②相邻的画面应该重叠约1/4～1/5，连接线要避开重点物品或痕迹，以便于照片的连接。

③各幅画面的调焦距离、曝光组合应一致。每张照片的放大倍率、反差、影调、色调及照片尺寸等要一致。

④对有证据意义的痕迹、物品要在被拍物的同一水平面放置比例尺，以显示被拍物的实际大小。

(6) 照片案卷制作注意事项：

①照片的裁剪要规范，尺寸大小一致。

②照片的粘贴要平整，边角不能翘离。

③照片胶水不宜过多，防止页面粘连。

七、实验作业

每组交一份装订好的完整的模拟现场照片案卷。

八、研究与思考

（1）现场照相有哪些基本要求？
（2）简述现场照相的基本内容和应该注意的问题。
（3）现场照相的方法有哪些？在现场照相中应如何运用？
（4）怎样制作现场照片？《标准》对照片的大小有何具体规定？

实验项目五 物证拍摄

一、实验目的与要求

（1）了解物证照相的基本概念和原理；
（2）掌握物证照相的基本拍摄方法和要求。

二、实验原理

　　文件、照片、图表、证件、图画等物证在可见光的照射下或在滤光镜的分色作用下，能够反映其形态或特征内容。应用拍摄技术和方法，能正确反映、显示物证的边缘特征和细节特征。

三、实验内容

（1）拍照（翻拍）红印章文件。
（2）拍照（分色）红色污染书件。
（3）拍照（阴影）泥土足迹。
（4）拍照（脱影）刀形凶器。
（5）拍照（同大）捺印指纹。

四、实验器材

　　DF-135 照相机、近摄接圈、翻拍架、滤光镜（红、黄、绿、蓝）、快门线、比例尺、全色片、各种物证及翻拍原件。

五、实验步骤与方法

（一）分项拍摄（见表1-1）

表1-1　　　　　　　　　　　　　　分项拍摄

	步骤与方法	注意事项
文件拍照	1. 以自然散射光为宜，选择拍摄环境	实验室人造光源以双侧灯为宜 用光要求：被照面光照均匀
	2. 文件平整放置，且为横向取景	文件不平整将产生皱褶阴影
	3. 镜头光轴垂直于文件平面中心	光轴偏离"中心"，产生透视变形 安全快门速度下，可手持相机操作
	4. 测算、确定正确的曝光数据，准确调焦，实施曝光	白纸亮度大于一般物体亮度，同时又是近距拍摄，注意曝光修正
污染文件拍照	1. 基本方法和步骤与"文件拍照"相同	基本注意事项与"文件拍照"相同
	2. 拍照一张文件的原始污染状态	红色滤光镜可消除或削弱红色的像密度。原照可作效果对比
	3. 加用红色滤光镜后，应按滤光镜因数在原曝光数据基础上修正曝光值	"因数"为（X2）修正一级，（X4）修正二级。必要时，使用三脚架实施曝光
泥土足迹拍照	1. 以一定角度的直射光为条件，选择拍摄地点	在一定角度直射光下，利用凸凹产生的造形，才能反映立体足迹特征
	2. 镜头光轴垂直于足迹平面中心，且在脚弓处放置比例尺	足迹可以理想设计踩踏，注意其花纹特征与光照角度
	3. 测算、确定正确的曝光数据，准确调焦，实施曝光	泥土反光能力弱（特别：潮湿泥土），同时又是近距拍摄，注意曝光修正
刀形凶器拍照	1. 以一定角度的直射光为条件，选择拍摄地点	无投影的散射光条件也可，不建议室内人造光下操作
	2. 检查脱影架玻璃的清洁度，以及衬底的清洁和平整度	污迹及皱折都会影响画面质量 衬底：一般选为白色
	3. 将凶器放置于玻璃上，并放置比例尺。调整脱影架角度，使背景衬底上无投影出现	背景投影会严重破坏画面质量 （用一块玻璃支起一定高度，再加适当衬底，可当脱影架使用）
	4. 测算、确定正确的曝光数据，准确调焦，实施曝光	凶器为金属表面，同时又是近距拍摄，注意曝光修正

实验一 摄影技术

续表

	步骤与方法	注意事项
捺印指纹拍照	1. 以自然散射光为宜，选择拍摄环境	不建议使用直射光及人造光
	2. 把近摄接圈与镜头和机体正确连接	红点标志相对插进卡口，旋转到位听到锁卡声，避免摔镜头
	3. 将相机与三脚架正确连接，并锁定	检查三脚架的可用性，避免摔相机
	4. 将镜头垂直于指纹平面（应放置比例尺），并开大光圈调焦	正确使用三脚架云台，避免过劲损坏。同大照相，物距约在2倍焦距处
	5. 测算、确定正确的曝光数据，准确调焦后再收小光圈，实施曝光	加用全套接圈应修正二级曝光，必要时，使用快门线安全可靠

（二）照片放制（见表1-2）

表1-2　　　　　　　　　　照片放制

放制和要求	注意事项
1. 照片规格3×4（英寸），即10×12（英寸）标准规格相纸的1/10	标准规格：项目不同，规格不同
2. 照片放制，应进行分段试验曝光，找出最佳曝光值，实施正确曝光（显、定影达到标准）	一般分三段曝光即可 亮室观察判别，色调准确
3. 照片应裁剪白边	否则，不符合专业要求
4. 画面效果： 色调明朗，反差适中，层次丰富； 构图正确，可辨细节特征	暗部细节损失曝光偏多，亮部细节损失曝光偏少 构图、调焦失败，鉴、辨价值消失

六、注意事项

（1）比例尺的选择，应根据被翻拍原件选择黑白或彩色比例尺。

（2）配光时要防止反光，彩色翻拍时光源的色温与彩色负片的色温要匹配。

（3）人像照片的翻拍，曝光一定要充分，显影时应使用软性显影液，适当缩短显影时间。

（4）取景时，以被拍物充满画面为准。

七、实验作业

记录实验过程和实验结果，完成实验报告。

八、研究与思考

物证拍摄应注意什么问题?

实验项目六　人身辨认照相

一、实验目的

(1) 理解人身辨认照相的拍摄内容。
(2) 掌握人身辨认照相的拍摄方法。

二、实验原理

人的相貌及其特征（生理的或病理的）具有相对稳定性。照相技术可记录、再现人身形象的真实、客观的形态或状态。

三、实验内容

(1) 拍照辨认人的正面相貌。
(2) 拍照辨认人的侧面相貌。

四、实验器材

DF-135形相机、三脚架、背幕（可模拟代用）、胸牌（可模拟代用）、胶卷、相纸、放制器具、显影液、定影液。

五、实验步骤与方式

以两人为一个实验单位，完成实验学习活动。
(1) 以自然散射光为条件（面部无浓重投影或阴阳脸），选择拍摄空间环境。

（2）背幕悬挂平整、垂直，并高度正确
（3）胸牌符合规格和要求（20×30 厘米、黑底），可书白色字体，并有一定长度的细绳可将胸牌悬挂于胸前。
（4）辨认人背部紧贴背幕中线竖直站立，并两眼平视。
（5）机位应在人的口部高度，竖直向取景，构图恰当。
（6）测算、确定正确的曝光数据，以小光圈、对焦点在面部拍照为宜
（7）正面构图：两眼平视，可观两耳，上可见头顶空间，下可见胸牌下边，左右可见两臂，反映辨认人的正面相貌形态和特征。
（8）侧面构图：两眼平视，竖直站立，反映辨认人的左侧面相貌形态和特征。

六、注意事项

（1）实验室人造光源配光注意：用光柔和、对焦准确、曝光正确，面部无浓重投影或光亮斑。
（2）标准胸牌带有刻度标志，可用白粉笔书字，忌用白底黑字。
（3）镜头正对人的口部高度，可正确显示头部或面部的形态，人像正、侧面相貌及特征清晰可辨，无浓重投影或遮挡以防透视变形。

七、实验作业

（1）记录实验过程和实验结果。
（2）黏附正、负片，并给出实验拍照数据。
（3）做出正、负片的画面评价：构图、密度和清晰度三个方面。

八、研究与思考

拍摄人身辨认照片对光的运用有何要求？

实验二　痕迹检验技术

实验项目一　捺印手印样本

一、实验目的与要求

(1) 了解捺印手印样本的种类、明确捺印要求。
(2) 掌握捺印手印样本的操作方法。
(3) 为分析指纹纹线系统和花纹类形、识别手印特征提供样本。

二、实验原理

捺印手印是以油墨作为媒介，使用一定的方法将油墨均匀涂染于手纹表面，在一定的动作条件下，将手纹形象地反映到一定规格的卡片纸上，从而获得手印样本。

三、实验内容

(1) 三面捺印：三面捺印是指对十个手指第一指节的正面和两个侧面进行捺印。
(2) 平面捺印：平面捺印是对手指与手掌正面进行捺印。包括手指的平面捺印和全手掌的平面捺印。
(3) 局部捺印：局部捺印是对手指或手掌某一部位进行捺印。

四、实验器材

(1) 油墨、油墨磙、调墨板，或专用指纹捺印盒。
(2) 捺印卡（包括十指指纹卡、单指指纹卡、掌纹捺印卡或实验专用捺印卡)或白纸。

(3) 捺印台、吸墨纸、肥皂、洗涤剂、毛巾等。

五、实验步骤与方式

两人一组,互为捺印人和被捺印人,互相捺取对方的手印样本。

(一) 捺印准备

(1) 清洁被捺印人的手掌面:用水或酒精清洁被捺印人手掌面,使皮肤纹线清晰。

(2) 填写捺印卡:按捺印卡片的格式填上被捺印人的姓名、年龄(出生年月日)、身高等情况,以及捺印人的姓名、单位等。

(3) 将捺印卡片平铺在捺印桌上,使捺印卡片的捺印格底线与捺印桌边缘平齐。

(4) 调制油墨:将调墨板(一般用玻璃板)放在捺印台上,使二者边缘平齐;取适量油墨(约黄豆大小),置于调墨板上,用油墨磙将油墨调匀、适度(拿起调墨板对着光源,光线似透非透,呈深灰色)。

(5) 若使用储存有油墨的专用捺印盒,不需调墨,打开盒盖将捺印盒与捺印台边缘对齐,直接捺印。

(二) 三面捺印

(1) 让被捺印人面向捺印台自然站立,捺印人站在被捺印人的左前侧。

(2) 捺印人用右手握住被捺印人的右手背,右手拇指、食指捏住被捺印人欲捺印的右手拇指第二节的左右两侧,左手拇指和食指捏住被捺印右手拇指尖,控制住整个手背和手指。

(3) 将右手拇指在调墨板或捺印盒上从一侧到另一侧用滚动的方式粘取油墨。

(4) 将粘取油墨的右手拇指从一侧指甲边缘处开始,分别在捺印卡上滚动180°进行捺印。

(5) 其他各指的捺印用同样的方法,按先右手、后左手,按拇、食、中、环、小指的顺序,依次进行捺印。

(三) 平面捺印

1. 手指平面捺印

(1) 让被捺印人面向捺印台自然站立,捺印人站在被捺印人的左前侧。

（2）捺印人的右手握住被捺印人的右手手背，左手捏住被捺印人的右手的食、中、环、小四指的指尖。

（3）以食、中、环、小四指指尖至第三组屈肌褶纹的部位在调墨板或捺印盒上垂直接触粘取油墨。

（4）将右手粘墨的四指移至在指纹卡片的指定位置上进行捺印。

（5）捺印人两手分别捏住被捺印人右手拇指的指尖和指根两侧，在调墨板或捺印盒垂直蘸上油墨，在捺印卡食指一侧进行捺印。

（6）以同样的方法进行左手五指的平面捺印。

2. 全手平面捺印

（1）让被捺印人面向捺印台自然站立，捺印人站在被捺印人的左前侧。

（2）捺印人的右手握住被捺印人的右手手腕两侧，左手捏住被捺印人的右手的食、中、环、小四指的指尖，让被捺印人全手展开，五指自然并拢。

（3）将手面（从手腕处至四指指尖）接触油墨面，均匀蘸墨。

（4）将沾墨的右手在指纹卡片的指定位置上（在掌背和指尖处轻轻按压）进行捺印。

（5）以同样的方法进行左手的平面捺印。

（四）局部捺印

（1）让被捺印人面向捺印台自然站立，捺印人站在被捺印人的左前侧。

（2）捺印人的手分别握住被捺印人的右手或左手的特定部位。

（3）将被捺印人的手欲捺印的部位（指尖、指侧、指节、掌心、腕部三角、掌外侧边沿等）接触油墨面，均匀蘸墨。

（4）将沾墨的手的特定部位在指纹卡片的指定位置上进行捺印。

六、注意事项

（1）捺印时油墨要均匀、适度，在滚动蘸墨过程中不要停顿、挪动、倒退、重复。

（2）被捺印人两手放松，由捺印人操作，滚动捺印时保持平稳连续，用力均匀，稳放稳起，一次完成。

（3）捺印油墨要新鲜，捺印工具要洁净，每次蘸油墨后都应将调墨板上的油墨重新碾匀，同指重复捺印时应将残留油墨擦净。

（4）三面捺印范围，包括各指头的正面和两个侧面，要求上自指尖（不要顶端），下至第一组屈肌褶纹、两侧至指甲边。

(5) 在平面捺印时，指节、掌心部位不要出现空白。
(6) 捺印卡片一定要干净整洁，保证捺印质量。
(7) 遇到多指、缺指等特殊情况时要注明。

七、实验作业

完成指纹捺印卡捺印项目，以实验报告方式提交。

八、研究与思考

(1) 如何使手印纹线印的更清晰？
(2) 总结捺印过程中的经验、教训和体会。

实验项目二　分析指纹系统及纹形

一、实验目的

(1) 熟悉指头花纹的形态结构和花纹类形。
(2) 掌握指头纹线的系统划分和花纹类形的分析方法。

二、实验原理

(1) 在指纹分析中，把许多具有相同形态和流向、在某些特定位置上组合排列在一起的一组纹线，称为指纹纹线系统。绝大多数的指纹有三个纹线系统，分别叫做内部系统、外围系统和根基系统。以指纹三角的上行纹线和下行纹线的追迹线来划分指纹系统。

(2) 人的指纹千差万别，人各不同。根据指纹的形态结构特点和分布规律，从指纹的组成结构、内部花纹的具体形态、中心花纹的倾向或流向、中心纹线的位置高低或纵向长短、中心腔内的纹线数结构以及与指纹三角的相对位置等方面可进行逐级分类。

三、实验内容

（1）乳突纹线三个系统和三角的观察与识别。
（2）指头乳突线花纹基本类形的观察与识别。

四、实验器材

（1）指纹三面捺印样本。
（2）台式放大镜、直尺、红色圆珠笔、蓝色圆珠笔、黑铅笔、捺印器材等。

五、实验步骤与方式

（一）划分指头乳突花纹系统

（1）使用指头三面捺印样本进行分析，找出指纹三角。
乳突纹线的三个系统或来自三个方面的乳突纹线的汇合处，常构成三角（如图2-1）。

图2-1 指纹三角样本

（2）从指纹三角的外角点出发，沿着上支线和下支线追迹描绘。对于有两个主三角的指纹，先将两三角的外角点和上下支线标出，然后分别选择追迹后包绕范围大的一条上支线和一条下支线，分别进行追迹（对于由两个系统的纹线上下层叠而构成的指纹，不用划分系统）。

（3）在追迹描绘过程中，当追迹线终止时，按其外侧相邻或下侧相邻纹线接续追迹；当追迹线分叉时，应按其外侧相邻分支或下侧分支进行追迹；当追迹线中断时，按其对应纹线或对应的一对中的外侧或下侧纹线继续追迹描绘。

（4）箕形纹的上下支线同时追至箕口附近即可；斗形纹的两组上下支线（要小于5mm）追至对侧三角的上支线（或下支线）的端点附近即可。

（5）用红圆珠笔画出指纹系统分界线，分别注明内部系统、外围系统和根基系统的位置（如图 2-2）。

①内部系统：居于指纹的中心部位，分别由箕形线，或环形线，或螺形线，或曲形线等构成，也可以由两种以上不同形态的纹线混合组成，数量有一根或十几根不等。

②外部系统：从上部和左右两侧包绕内部系统，主要由弓形线和弧形线构成，数量有十几根到几十根不等。

③根基系统：分布在内部系统和外部系统下方，主要由弧度较小的弧形线、波浪线和直形线等组成，数量有几根到几十根不等。

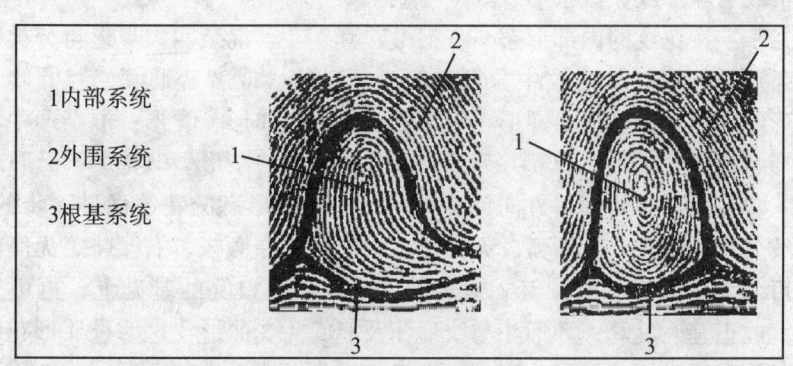

图 2-2　指纹系统

（二）指头乳突花纹的纹形分析

1. 指纹分类的原则和方法

按照我国指纹分类的原则和方法，对十个指头三面捺印样本的每一个指纹观察，然后进行纹形分析。

人的指头花纹可以从总体结构、内部形态、倾斜方向（流向）、高低长短、中心线数、三角远近六个方面进行逐步分类。通称《六步分类法》(如图2－3)。

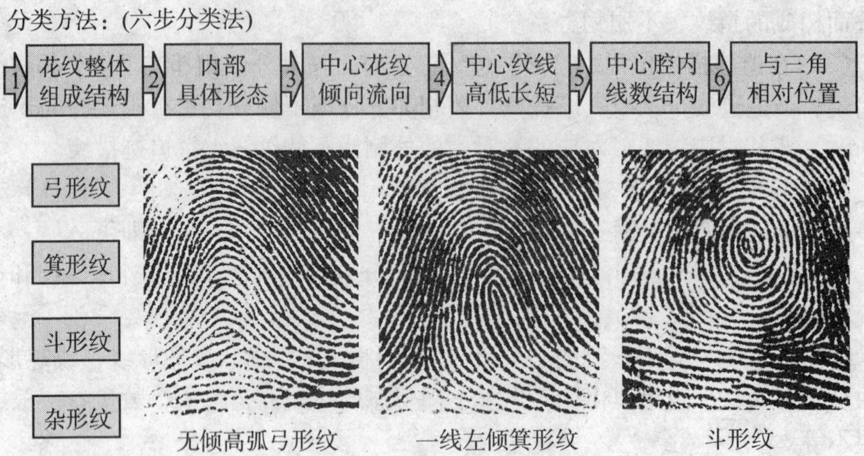

分类方法：(六步分类法)

①花纹整体组成结构 → ②内部具体形态 → ③中心花纹倾向流向 → ④中心纹线高低长短 → ⑤中心腔内线数结构 → ⑥与三角相对位置

弓形纹　　箕形纹　　斗形纹　　杂形纹

无倾高弧弓形纹　　一线左倾箕形纹　　斗形纹

图2－3　指头乳突花纹的基本类形

要求掌握前三步。具体操作如下：

第一步：按花纹的总体结构——把人的指头花纹分成四大基本类形：弓形纹、箕形纹、斗形纹、混杂形纹。

第二步：按花纹的内部形态——把弓、箕、斗、混杂四大类形再分类即弓形纹中分弧形和帐形；箕形纹中分开口箕、闭口箕，或者普通箕、胖圆箕、瘦长箕；斗形纹中则可分环形、螺形、绞形、双箕形、曲形、囊形；混杂形中可分箕帐混杂形、箕斗混杂形、双箕并列形、双斗并列形、杂形、畸特形、无形。

第三步：按花纹的倾斜方向或流向——把不同形态的花纹做进一步的分类。即弧形纹分为左倾弧、右倾弧、无倾弧；帐形纹分左倾帐、右倾帐、无倾帐；箕形纹在可分为普通箕、胖圆箕、瘦长箕、或开口闭口箕的基础上，再可分为左箕、右箕或正箕、反箕；环形斗与纹形斗及双箕斗、曲形斗这四种斗形花纹则均分为顺时旋和逆时旋；囊形斗则可分左囊与右囊，或正囊与反囊。

此外，当一些指头花纹出现明显伤疤等永久性附加特征时，可另附加伤疤类的花纹。如：伤疤箕、伤疤斗等。

2. 六步分类法的花纹分类

六步分类法前三步各种花纹分类：

(1) 弓形纹。弓形纹是指由外围和根基两个系统所构成没有内部系统的花纹。依其形态不同，又分弧形纹和帐形纹两种（如图2－4、图2－5）。

实验二　痕迹检验技术

图 2-4　帐形纹

图 2-5　弧形纹

①弧形纹。弧形纹是指由多数弧度较小的弓形线在上部，少数横直线在下部构成没有三角的花纹。

根据多数弧形线的弧凸高点连线（中轴线）的上端朝向，分为以下三种弧：

左倾弧——中轴线上端向左倾斜的弧形纹。

右倾弧——中轴线上端向右倾斜的弧形纹。

无倾弧——中心轴无明显倾斜方向的弧形纹。

②帐形纹。帐形纹是指由部分弧度较大的弓形线在上部，少数横直线在下部，中心部位有一条或一条以上的垂线或斜线支撑着上部的弓形线，形似帐篷的花纹。

按帐形纹中心支撑线或支柱线上端所朝的方向，可分为以下三种帐形纹：

左倾帐——支撑线或支柱线上端朝向左的帐形纹。

右倾帐——支撑线或支柱线上端朝向右的帐形纹。

无倾帐——支撑线或支柱线无明显倾斜方向的帐形纹。

注：如中心支撑线左右倾斜均有时，以纹线多的一侧为倾斜方向。

（2）箕形纹。箕形纹是指具有内部、外围和根基三个系统，内部花纹中心由一条或一条以上完整的箕形线所组成，通常构成一个三角的花纹。

①根据箕头朝向，可分左右两种箕：

左箕——箕头朝向左上方的箕形纹。

右箕——箕头朝向右上方的箕形纹。

②根据箕口朝向，可分为正反两种箕：

正箕——印痕中观察：左手的箕口朝左，右手的箕口朝右的箕形纹。手上观察：箕口朝向小指方向的箕形纹。

反箕——印痕中观察：左手的箕口朝右，右手的箕口朝左的箕形纹。手上观察：箕口朝拇指方向的箕形纹。

③根据箕口形态，可分开、闭两种箕：

A. 开口箕——是指内部花纹中心有由一条或一条以上完整的箕口处于敞开状态的箕形线所构成的箕形花纹（如图2-6）。

B. 闭口箕——是指内部花纹中心至少由一条或一条以上完整的箕口处于关闭状态的箕形线所构成的箕形花纹。闭口箕形线不限于中心一条箕线，可能是几条乃至十几条，形成头大尾小外形呈小囊状的闭口箕（如图2-7）。

图2-6 开口箕

实验二 痕迹检验技术

图2-7 闭口箕

（3）斗形纹。斗形纹是指具有外围、内部和根基三个系统，内部花纹中心由一条或一条以上完整的环形线或螺形线或曲形线等所组成，通常只有两个三角的花纹。依其花纹内部形态，可分为环形斗（如图2-8）、螺形斗（如图2-9）、绞形斗（如图2-10）、曲形斗（如图2-11）、双箕斗（如图2-12）、囊形斗（如图2-13）六种。

图2-8 环形斗　　图2-9 螺形斗　　图2-10 绞形斗

图2-11 曲形斗　　图2-12 双箕斗　　图2-13 囊形斗

①环形斗。环形斗是指内部花纹中心至少由一条或一条以上完整的环形线组

成的斗形花纹。环形斗可分为以下各种环。

按中心轴倾斜方向可把环形斗分为以下三种：

左倾环——花纹内部的环形线的中心轴上端向左倾斜的环形斗。

右倾环——花纹内部的环形线的中心轴上端向右倾斜的环形斗。

无倾环——花纹内部的环形线的中心轴上端无明显倾斜方向的环形斗。

②螺形斗。螺形斗是指内部花纹中心至少由一条或一条以上起点方向相同或相似的螺形线旋转而组成的斗形花纹。螺形斗可划分为以下各种螺。

按中心螺形线的旋转方向可分以下两种：

左螺——内部花纹的中心螺形线按顺时针方向旋转（即向左旋转）的螺形斗。

右螺——内部花纹的中心螺形线按逆时针方向旋转（即向右旋转）的螺形斗。

通常，在印痕中观察，左手的左螺、右手的右螺，俗称为正螺；左手的右螺、右手的左螺，俗称为反螺。

③绞形斗。绞形斗是指内部系统中心至少由两条或两条以上的起点明确可靠，方向相反并相对绞绕旋转的螺形线组成的斗形花纹。

按中心螺形线的绞绕旋转方向，可分以下两种绞形：

左绞——内部花纹中心的两条或两条心上的螺形线顺时针方向并相对绞绕旋转的绞形斗。

右绞——内部花纹中心的两条或两条以上的螺形线逆时针方向并相对绞绕旋转的绞形斗。

通常，在印痕中观察，左手的左绞，右手的右绞，俗称为正绞；左手的右绞，右手的左绞，俗称为反绞。

④曲形斗。曲形斗是指内部花纹中心仅有一条完整的曲形线（空腔或有一条以上的纹线伴随盘绕）所组成；或由两条并不独立，有其他纹线伴随盘绕旋转的曲形线组成的斗形花纹。

按花纹中心曲形线两个弯头的顶点之间的距离分以下两种曲：

短曲形斗——内部花纹中心曲形线的上下两个回转弯头的顶点之间间距在分析圆规直径内（5mm）的曲形斗。

长曲形斗——内部花纹中心曲形线的上下两个回转弯头的顶点之间间距超出分析圆规直径（5mm以上）的曲形斗。

⑤双箕斗。双箕斗是指内部花纹中心通常两条完整独立（空腔）的或三条以上完整的曲形线（空腔或有其他纹线伴随）相重叠向一个方向旋转的斗形花纹；或在一条完整线的两个弯头内各有一条以上完整的箕形线伴随出现所组成的斗形花纹。

按曲形线的旋转方向分以下两种双箕：

左旋双箕——内部花纹中心的曲形线按顺时针方向旋转的（即向左旋转）双箕斗。

右旋双箕——内部花纹中心的曲形线按逆时针方向旋转的（即向右旋转）双箕斗。

⑥囊形斗。囊形斗是指内部花纹在闭口或形似闭口的箕形线内有一条或一条以上的独立的弧形线，其凸面朝向闭口处所形成的形似囊袋状的斗形花纹。

按囊头的朝向分以下两种囊：

左囊——内部花纹中的囊头朝向左或囊口朝向右的囊形斗。

右囊——内部花纹中的囊头朝向右或囊口朝向左的囊形斗。

（4）混杂形纹。混杂形纹是指具有内部、外围、根基三个系统，内部花纹由两种或两种以上纹形混合组成；或形态奇特、结构杂乱而无法归入弓箕斗，通常具有两个以上三角的花纹，统称为混杂形纹。按其内部形态，大致可分为箕帐混合纹（如图2-14）、箕斗混合纹（如图2-15）、双箕并列纹（如图2-16）、双斗并列纹、杂形纹、畸特纹、无形纹等。此类花纹出现率低，不常见。

图2-14 箕帐混合纹

图2-15 箕斗混合纹

图2-16 双箕并列纹

①箕帐混合纹。箕帐混合纹是指内部由一组箕线和一组帐线混合组成的具有两个三角的花纹。

②箕斗混合纹。箕斗混合纹是指内部花纹由一组箕线和一组斗线（环或螺或曲等线）混合组成的具有三个三角的花纹。

③双箕并列纹。双箕并列纹是指内部花纹由两组箕线并列（异向或同向）组成的具有两个三角的花纹。

④双斗并列纹。双斗并列纹是指内部花纹由两组斗线（环或螺或曲等纹线）组成的具有四个三角的花纹。

⑤杂形纹。杂形纹是指内部花纹的形态不符合弓、箕、斗及上述混合纹条件结构杂乱，三角数量不等的花纹均归入杂形纹。

⑥畸特纹。畸特纹是指由于手指上的生理缺陷,由骈指(联指)、叉指等畸形指所造成的形态奇特的花纹。

⑦无形纹。无形纹是指手指头上的纹线均由较平坦的、单一的无具体形态的纹线组成的花纹。

六、注意事项

(1) 在观察识别指纹纹线特征时,要严肃认真,一丝不苟。
(2) 对于指纹的中心点和三角外角点要确定正确。
(3) 保持十指纹三面捺印样本干净整洁,用红笔描绘追踪标记。
(4) 指纹的分类要从大类到小类,指纹的名称要从小类到大类命名。
(5) 在每一个已确定纹形的指纹下方,标注指纹纹形名称。

七、实验作业

完成十指指头纹线系统划分及十指指头花纹类形分析,写出实验报告。

八、研究与思考

对指纹纹线系统划分和纹形分析的方法进行总结。

实验项目三 分析指纹细节特征

一、实验目的

熟悉掌握乳突纹线细节特征的形态和结构,明确特征的命名原则和标示方法及使用意义。

二、实验原理

利用放大镜对物体的放大功能,根据乳突纹线细的流向规律和结构特点,对细节特征进行观察分析。

实验二 痕迹检验技术

三、实验内容

观察指头的乳突纹线细节特征并标出各个细节特征。

四、实验器材

放大镜、直尺、红笔、作业纸（以放大的指头花纹捺印样本作为作业样本）。

五、实验步骤与方式

1. 乳突纹线的特征、命名和标示

熟悉乳突纹线的细节特征，掌握细节特征的命名原则和标示方法。
（1）乳突纹线的细节特征常见的有以下九个（如图 2-17）。

1. 起点：纹线出现点
2. 终点：纹线终止点
3. 分歧：纹线一分为二
4. 结合：纹线合二为一
5. 小勾：纹线短长相接（<5mm）
6. 小眼：纹线一分为二又合二为一（<5mm）
7. 小桥：纹线短线与两长线相接（<5mm）
8. 小棒：纹线小于5mm
9. 小点：在乳突花纹中孤立的乳突点（<1mm）

图 2-17 乳突纹线的细节特征

①起点：纹线的起端。
②终点：纹线的末端。
③分歧：一条纹线分成两条或多条纹线的部位。
④结合：二条或多条纹线汇聚成一条纹线的部位。
⑤小勾：一条纹线上分出另一条长度不超过5mm的短线所构成的勾状特征。
⑥小眼：一条纹线分成两条纹线又汇聚成一条纹线所构成的眼状特征。最大直径不超过5mm。

⑦小桥：连接相邻两条纹线的短线所构成的桥状特征。其长度不超过5mm。

⑧小棒：亦称短棒。长度在1~5mm之间，独立存在的棒状短线。

⑨小点：长度小于1mm的独立存在的点状纹线结构。

（2）明确乳突纹线细节特征的命名原则。

①按特征的形态命名，即像什么叫什么。如勾、点、桥、棒、眼。

②按从左向右方向命名。适用于根基系统和横向纹线特征命名。

③按顺时针方向命名。适用于内部和外围系统纹线特征命名。

④按从上至下方向命名。适用于花纹中心腔内某些垂线或斜线纹线特征命名。

（3）掌握乳突纹线细节特征的标示方法（如图2-18）。

①用直尺和红笔标示。

②标线要准确标到特征点上，并与所标处的纹线基本垂直。

③标示线应做到均匀分布，尽量呈放射状。标示线之间不能交叉标示。

④标线序号应按顺时针方向排列，并将1号标线尽量放于时针"1"时的位置上。

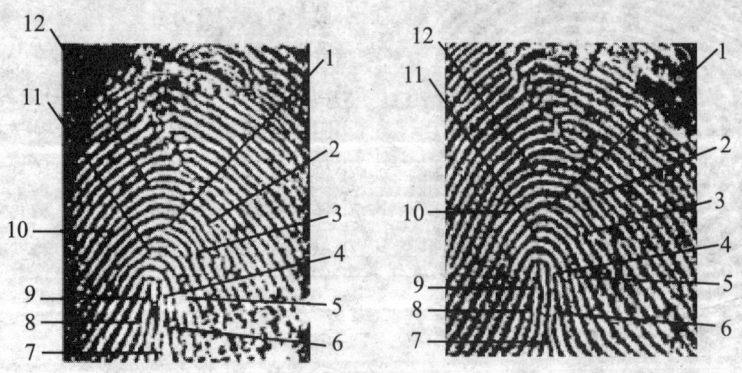

图2-18 乳突纹线细节特征的标示方法

2. 乳突纹线细节特征的镜下识别

在放大镜下对指头作业样本中的乳突纹线细节特征进行识别。

（1）从指纹中心或三角部位开始寻找识别。

（2）顺着纹线流向寻找识别。

3. 用红笔和直尺按标示要求将每个特征画线标示

六、注意事项

（1）从点到面，从重点到一般，全面观察。
（2）先观察后定位，先识别后标注。

七、实验作业

交一份指头乳突花纹细节特征标示作业（弓、箕、斗形纹印痕各做一张，每张标注12个细节特征）。

八、研究与思考

对乳突花纹细节特征标示的方法进行总结。

实验项目四　分析手印遗留部位

一、实验目的

掌握分析现场手印的步骤、内容和方法，准确判断手印遗留部位。

二、实验原理

依据手的形态结构特点和手纹纹理规律，分析判断手印遗留部位。

三、实验内容

分析现场手印是何手、何指、何部位所留。

四、实验器材

局部手指、手掌捺印样本、完整手掌平面捺印样本、直尺、作业纸、草稿纸等。

五、实验步骤与方式

（一）根据乳突纹线结构区分指、掌纹印痕

在指、掌印留痕比较完整的情况下是容易区分的，但掌印留痕面积较小，容易与不完整的指纹混淆，应从以下几方面注意观察区别：

1. 观察手印遗留情况进行分析

了解手印所在承受体的大小、形状、重量与周围物体的关系，然后观察手印所在的位置方向与印痕之间的关系，来确定手印的动作。

2. 观察手印的面积和形状进行分析

一般情况下，指头面积小，多呈圆形、椭圆形、半圆形；手掌面积大，纹线长，形状呈长条形、长圆柱形或不规则的片状。

3. 观察乳突纹线的粗细、弯曲度及流程长短进行分析

指头乳突花纹纹线细，弯曲度较大；掌纹纹线粗、间隙大、弯曲度较小。但个别部位的纹线较细。如环小指间箕形纹。

4. 观察屈肌褶纹和皱纹

指头屈肌褶纹短小，细小分枝不多，平坦或略呈弧形；掌纹屈肌褶纹较粗大而长，细小分枝较多，形态不一。指头皱纹较短小，多出现在指头两侧；掌纹皱纹较粗而长，横竖斜相交错。

（二）区分左、右手痕迹

1. 根据现场格局进行区分

观察留有手印的物体与周围物体所构成的特定环境对作案人的位置、姿势、动作等引起的限制作用，从而分析在此环境下案犯需用何手才能完成动作。

2. 分析手指高低、顺序、对应关系进行区分

若现场上出现一次动作形成的两个以上的手指痕迹，通常可依据手指高低、顺序和对应关系进行左右手的分析。

次序关系：指一手五指按秩序排列，即拇、食、中、环、小。

高低（长短）关系：指多数人一手五指在自然伸直状态下的相对长短关系，即中指最高（长）、依次为环指、食指、小指和拇指（如图 2-19）。

实验二 痕迹检验技术

多数为左手所留　　　　多数为右手所留

图 2-19　人手五指的高低关系

对应关系：指在捏拿物体时，拇指与其余四指始终处于相对握物的位置关系（如图 2-20）。

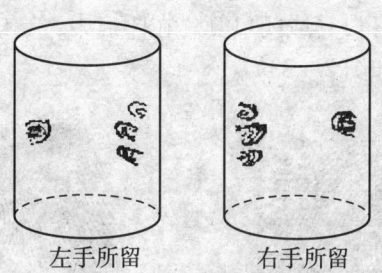

左手所留　　　右手所留

图 2-20　人手五指的对应关系

3. 根据指头乳突花纹的倾斜流判断左、右手痕迹

（1）弓形纹：

①弧形纹：在印痕中，左倾弧多为左手所留；右倾弧多为右手所留（如图 2-21）。

左倾弧多为左手所留　　　　　　右倾弧多为右手所留

图 2-21　弓形纹

②帐形纹：印痕中，右倾帐多为左手所留；左倾帐多为右手所留（如图 2-22）。

右倾帐多为左手所留　　　　　　左倾帐多为右手所留

图 2-22　帐形纹

(2) 箕形纹：无论开口箕或闭口箕，在印痕中，箕口朝左多为左手所留，箕口朝右多为右手所留（如图 2-23）。

右箕多为左手所留　　　　　　左箕多为右手留

图 2-23　箕形纹

(3) 斗形纹：

①环形斗：印痕中，右倾环多为左手所留，左倾环多为右手所留（如图 2-24）。

右倾环多为左手所留　　　　　　左倾环多为右手所留

图 2-24　环形斗

②囊形斗：印痕中，囊口朝右多为左手所留，囊口朝左多为右手所留（如图 2-25）。

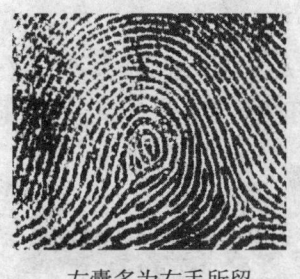 

左囊多为右手所留　　　　　　　右囊多为左手所留

图 2-25　囊形斗

③旋转的斗（螺形斗、绞形斗、双箕斗、曲形斗）：印痕中，顺时针旋转多为左手所留，逆时针旋转多为右手所留（如图 2-26）。

顺时针旋转的斗多为左手所留

逆时针旋转的斗多为右手所留

图 2-26　旋转的斗

④指尖纹线流向：拇指和食指的指尖纹线呈倾斜形，且左右手相反。在印痕中，指尖纹线左上右下的多为右手所留；反之右上左下的多为左手所留。

4. 根据手掌花纹的形态判断左右手

（1）根据手掌曲肌褶纹的倾斜流向判断左右手痕迹。

①第一条曲肌褶纹在掌外边沿有许多呈"八"字形的分叉，呈"〈〈〈〈"或"〉〉〉〉"形，印痕中，"八"字形分叉向左展开的多为左手所留；反之向右展开的多为右手所留（如图2－27）。

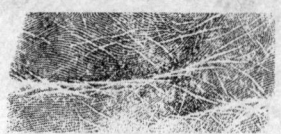 

左手所留　　　　　　　　　　右手所留

图2－27　根据第一条曲肌褶纹判断痕迹

②第二、第三条曲肌褶纹在"虎口"部位构成一定角度，呈"人"字形向掌心方向展开。印痕中，展开方向向左的多为左手所留，向右的多为右手所留。

③第三条曲肌褶纹的末端多数位于腕部三角的内侧，在印痕中，第三条曲肌褶纹末端在腕部三角左侧的，多为左手所留，右侧的多为右手所留（如图2－28）。

左手印痕　　　　　　　　　　右手印痕

图2－28　根据第三条曲肌褶纹判断痕迹

（2）根据手掌上部乳突纹线的倾斜流向判断左右手（如图2－29）。

①食、中、环三指根部的横形弧线常与来自两侧指间的纵形纹线交汇呈

"丫"字形纹线,称三叉纹线。三叉纹线多数流向小指根下侧。印痕中,三叉纹线流向左下方者多为左手所留;反之流向右下方者多为右手所留。

②小指根部的纹线一般是倾斜的。印痕中,倾斜纹线右上流向左下者多为左手所留;反之左上流向右下方者多为右手所留。

左手印痕　　　　　　　　右手印痕

图 2-29　根据手掌上部纹线的倾斜流向判断痕迹

(3) 根据手掌内侧部乳突纹线的倾斜流向和皱纹判断左右手(如图 2-30)。

①手掌内侧部多由凸向掌心的大弧形线组成,印痕中,大弧形线凸面向左的多为左手所留;反之凸向右多为右手所留。

②手掌内侧部上区常出现网格状皱纹。印痕中,网格状皱纹在痕迹右侧时多为左手所留;反之多为右手所留。

 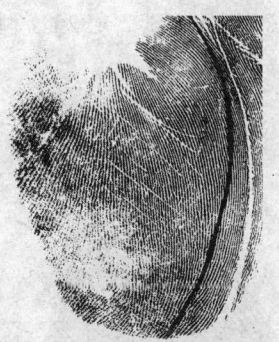

左手印痕　　　　　　　　右手印痕

图 2-30　根据手掌内侧纹线的倾斜流向和皱纹判断痕迹

(4) 手掌外侧部纹线的倾斜流向(如图 2-31)。

①手掌外侧部纹线由掌心向外侧部由少逐渐增多,呈"扫帚状"散开,扩散到整个外侧部边缘。在印痕中,"扫帚状"纹线向左下方扩散的多为左手所留,反之向右下方扩散的多为右手所留。

②手掌外侧部边缘常有一组横向、短而粗的平行皱纹，印痕中，此皱纹在痕迹左侧者多为左手所留；反之多为右手所留。

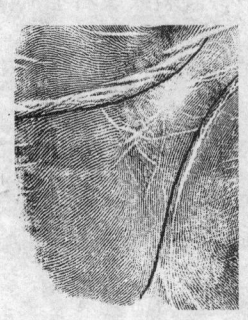 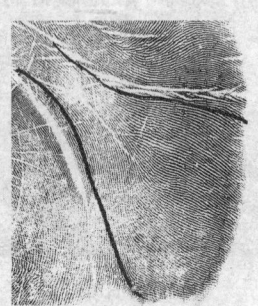

左手印痕　　　　　　　　右手印痕

图2-31　根据手掌外侧纹线的倾斜流向判断痕迹

（三）区分各手指痕迹

1. 拇指痕迹

拇指面积较大，花纹宽，纹线粗、多，三角和指尖部位纹线距花纹中心较远，中心花纹居于中下部位，指尖纹线向一侧倾斜。正面印痕时，呈上尖下圆中间宽的圆锥形结构（如图2-32）。侧面留痕时，呈半锥体形，多出现一侧三角（如图2-33）。

图2-32　拇指正面印痕　　　　　图2-33　拇指侧面印痕

2. 食指痕迹

食指留痕面积和花纹面积均比拇指小，印痕形状呈上尖下长的椭圆形，纹线稍细。上端内侧常有偏缺现象（如图2-34）。

图2-34 食指印痕

3. 中指痕迹

中指留痕面积和花纹结构大小与食指基本相同，顶部圆，外形呈长柱形（如图2-35）。

图2-35 中指印痕

4. 环指痕迹

环指留痕面积和花纹结构略小于中指，纹线比较细密、光滑。外形呈长方形，极少留下半侧印痕（如图2-36）。

图 2-36 环指印痕

5. 小指痕迹

小指留痕面积和花纹结构在五指中最小，纹线细密，呈长条形。实际留痕时偏外侧留痕较多。小指留痕出现率较低（如图 2-37）。

图 2-37 小指印痕

六、注意事项

1. 以乳突纹线为主线，结合屈肌褶纹、皱纹综合分析。

2. 先确定手印方位,后观察纹线流向。
3. 部位确定得越具体越准确越好。

七、实验作业

分析局部手指、手掌捺印样本案例材料,分析是何指、何部位所留,并说明理由。

八、研究与思考

对手印残留部位分析判断的方法进行总结。

实验项目五 物理方法显现无色手印

一、实验目的

了解粉末法显现无色手印的基本原理,明确粉末法适用的显现范围,掌握其显现、提取的方法。

二、实验原理

(1) 粉末显现潜在手印是利用粉末与无色汗液手印之间的亲和力,将粉末附着在无色汗液手印上,因亲和力的作用使得无色汗液手印黏附粉末,从而显现出有色手印。

(2) 荧光粉末显现无色汗液手印是利用荧光粉末与无色汗液手印之间的亲和力,将荧光粉末附着在无色汗液手印上,在紫外线(10~400nm)或多波段光源(415~610nm 范围内)照射下,手印纹线上附着的荧光粉末会被激发出荧光,无色手印就转变成有色荧光手印。

(3) 粉末显现法适用于显现玻璃、瓷器、油漆物、竹器等光滑物体表面上的较新鲜汗液手印。

三、实验内容

(1) 普通粉末显现潜在手印。

(2) 磁性粉末显现潜在手印。
(3) 荧光粉末显现潜在手印。

四、实验器材

1. 普通粉末显现使用器材
(1) 粉末材料：铝粉、青铜粉、氧化铜粉、四氧化三铅、石墨粉等。
(2) 实验器具：毛刷、喷粉器、衬纸、白纸、剪刀、指纹专用提取胶带纸。
(3) 承受客体：玻璃、瓷器、各种油漆物品、竹器、纸张等。

2. 磁性粉末显现使用器材
(1) 粉末材料：磁性粉。
(2) 实验器具：磁性笔、剪刀、衬纸、指纹专用提取胶带纸。
(3) 承受客体：本色木、皮革、表面光滑的人造革、陶瓷器、硬质塑料、各种纸张等。

3. 荧光粉末显现使用器材
(1) 粉末材料：蒽粉、曙红、硫化锌、$\Phi k\pi-03$ 等各种荧光粉末。
(2) 实验器具：毛刷、磁性笔、剪刀、紫外灯、多波段光源、护目镜。
(3) 承受客体：画报、纸币、彩色书刊、彩色瓷器、证券等。

五、实验步骤与方式

二人一组，在实验员的指导下，在实验室完成。

（一）普通粉末显现法

1. 选用适当的粉末和显现客体
(1) 铝粉（Al）。俗称银粉，呈银灰色，附着力较强。适用于显现光滑物体表面的较新鲜的手印。
(2) 青铜粉（Cu、Zn、Sn、Sb）。俗称金粉，呈金黄色，由铜、锌、锡、锑粉末混合而成，附着力较强。适用于显现光滑物体表面的较新鲜的手印。
(3) 氧化铜（CuO）。呈棕黑色，属重金属粉末，附着力仅次于铝粉和青铜粉。其特点是比重较大，沉浸物面深层的能力较强，对粗糙物面上的汗液或油质手印有较好的显现效果。
(4) 四氧化三铅（Pb_3O_4）。又称铅丹，呈亮红色，属重金属粉末，附着力较强，对油质加层手印有较好的显现效果。

(5) 石墨粉（C）。石墨粉是质地较轻的黑色非金属粉末，附着力适中。宜采用抖显法刷显光滑物面和光滑纸张上新鲜的汗液手印。

实验选用玻璃、陶瓷、搪瓷、油漆木、电镀金属品、塑料制品、光滑纸张等显现客体。

2. 普通粉末显现法的操作

（1）制作手印实验样本：分别在玻璃、瓷器、纸张、油漆木等不同客体上制作潜在手印样本。

（2）运用蘸粉刷显法显现：用毛刷尖部蘸取少许粉末直接在疑有手印的物体表面轻轻刷显，当手印纹线出现后再顺着纹线的流向刷显直至手印全部显出，然后清除手印周围的多余粉末（如图2-38）。

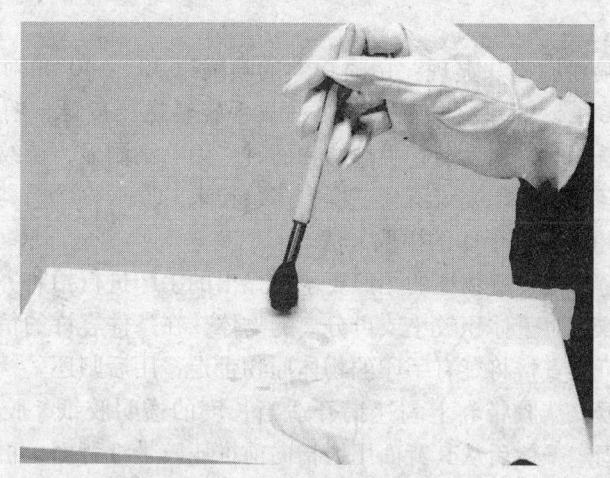

图2-38 无色手印蘸粉刷显法

（3）运用撒粉刷显法显现：用软毛刷蘸取少量粉末，轻轻弹击刷柄，使得粉末均匀撒落在疑有手印的物面上，弹掉毛刷上多余粉末，再用毛刷尖部轻轻刷显，纹线出现后，顺着纹线流向刷显直至整个手印全部显出，清除手印周围的多余粉末。

（4）运用撒粉抖显法显现：将少量粉末直接撒在纸张、薄膜、本色木等疑有潜在手印的轻小物体表面上，然后手持物体两端上下左右来回抖动，让粉末滑过疑有手印的物面上，手印即可显出。显出手印后将多余粉末弹掉或回收瓶中。注意抖显后不可用毛刷去刷显。

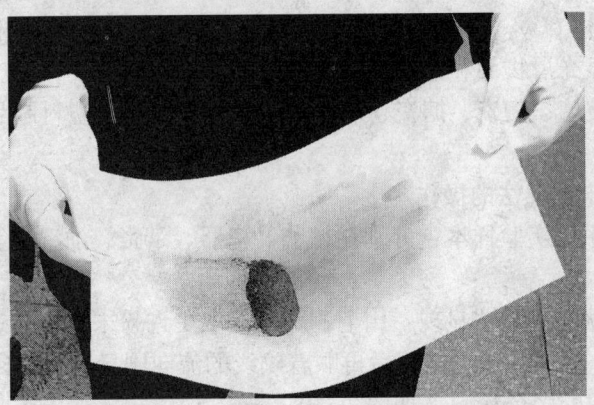

图 2-39　无色手印撒粉抖显法

(5) 运用喷粉刷显法显现：用喷粉器的喷嘴以 30°~40°角对准物面，保持 10~15 厘米距离，一只手握住粉瓶，另一只手轻轻挤压皮球，粉末被气流吹撒于物面上，带粉末均匀铺满疑有手印的物面时，用毛刷刷显，待纹线出现后，顺着纹线流向轻轻刷至手印纹线清晰，刷去多余粉末。

(6) 普通粉末显现手印的提取方法。

①照相固定：按痕迹物证的拍照要求对显出的手印进行拍照。

②原物提取：对于体积较小或可分离的物体，在条件容许的情况下，征得有关方面同意，可以直接将疑有手印的物体原物带走，用后归还。

③胶带粘取：从胶带卷上匀速揭开适当长度的透明胶纸，胶面对着粉末手印，先将一端固定，然后从其背面用拇指向前推压胶带纸背面，再用手指面用力推压数次即可。注意推压的过程中防止打折、起泡；然后反向匀速揭下胶纸，手印即转印的胶面上；最后再将胶纸粘贴在与手印反差大的衬纸上，并连同衬纸一起剪贴于作业纸上。

(二) 磁性粉末显现潜在手印

1. 选用磁性粉末和显现客体

(1) 黑色磁性粉末。用铁粉加硒静电复印粉混合配制而成。一般铁粉要占显色粉末体积的 1/3。

(2) 彩色磁性荧光粉末。用铁粉加各种不同颜色的荧光粉末混合配制而成。

适用于显现塑料、皮革、瓷器、油漆木、竹器、各色纸张、蜡纸、本色木、石灰粉墙等物体表面上的汗液手印。

实验选用玻璃、陶瓷、搪瓷、油漆木、电镀金属品、塑料制品、光滑纸张、光亮的皮革制品等显现客体。

2. 磁性粉末显现的操作

(1) 将磁性刷头部置于所选择的磁性粉中,由于磁力的作用吸住磁性粉,形成磁力线粉穗。

(2) 用粉穗在疑有手印的物面上轻轻的扫动至手印显出。

(3) 将多余的粉末回收粉瓶中,轻轻弹击被显物面上的少许粉末,纹线清晰可见(如图2-40)。

也可用普通粉末显现法的操作方法进行显现。

图2-40 潜在手印磁性粉末显现法

3. 磁性粉显现提取的方法

磁性粉末显现的提取方法同普通粉末显现法的提取方法相同。

(三) 荧光粉末显现潜在手印

1. 选用适当的荧光粉末和显现客体

(1) 蒽粉($C_6H_4(CH)_2C_6H_4$)。呈黄白色,颗粒较粗,附着力较差,对新鲜汗液手印显现效果较好。适用于各种彩色画报、瓷器、玻璃等光滑物面上的新鲜汗液手印,显现后置于紫外线下观察,就可发现蓝色荧光手印。

(2) 曙红($C_{20}H_8Br_4O_5$)。呈红色,为结晶粉末,紫外线下发出亮红色荧光,适用范围同蒽粉。

(3) 硫化锌(ZnS)。呈白色或浅灰色,紫外线下发出浅色荧光,适用范围同蒽粉。

（4）Φkπ-03荧光粉末，黄白色粉末。该粉末每一粒的中心核为ZnS。ZnS中心核外包含一层氧化铈，最外表有二氧化硅（SiO_2）包膜。这种粉末流动性大，不结块，吸附力强。适合显现人民币、各种彩色纸张、画报、细的确良布及丝绸上50小时以内的手印，显出的手印在长短波紫外线下发出很强的黄绿色荧光。

（5）多波段光源配用的各种荧光粉和荧光磁性粉末。适用于各种光滑物体表面的新鲜汗潜手印。

2. 荧光粉末显现操作方法

（1）制作手印样本：在彩色画报、地板砖、纸币上制作潜在的手印样本。

（2）加染粉末：用撒粉刷显法、蘸粉刷显法或撒粉抖显法，使疑有手印的部位附着适量的荧光粉末，直至手印纹线显出（如图2-41）。

图2-41　潜在手印荧光粉末显现法

（3）光致荧光显现：根据不同的客体颜色选取不同的干涉形滤色片插入多波段光源中（可调波长的多波段光源可以直接调整波段选择按钮），输出不同波段的单色光，对被显现的物体进行照射，有效激发荧光物质发光而显出手印。操作时，为保护眼睛，应戴上护目镜观察手印显现效果。护目镜可将激发光及背景的荧光滤掉，使物体表面的辐射荧光显现的更加清晰。多波段光源特点是波段多、灵敏度高、稳定性好、消除干扰、显现效果好。目前多波段光源是发现和显现无色手印常用的方法。如：

①树叶上的汗潜手印，用LL701闪电红或LL702粉红荧光粉刷显后，置于450nm的蓝光下照射，戴上橙色护目镜观察，背景干扰小，显现效果好。

②第五套五十元人民币上的汗潜手印，用 LL601 闪电红磁性荧光粉刷显，在 415～555nm 波段的范围内照射，戴上橙色、黄色护目镜观察，纹线清晰，与背景形成强烈反差，突出显现效果。

③棕红色人造革面上的汗潜手印，用 LL703 闪电绿荧光粉末刷显，在 415nm 紫光、450nm 蓝光、505nm 蓝绿光的照射下，戴上橙色护目镜观察，能消除背景干扰，显现效果好。

3. 荧光粉末显现提取的方法

（1）照相固定：使用荧光照相法照相固定。

（2）胶带提取：照相固定以后，也可以用胶带提取方法固定提取。

六、注意事项

（1）选用粉末必须干燥细腻，附着力强，色差较大。

①选用粉末时，要保持粉末的干燥状态，如果粉末受潮结块，附着力降低，影响显现效果。

②选用颗粒度在 300～800 目之间的粉末。小于 300 目，粉末太粗，附着力小，显现效果差。

③选用附着力强的粉末，可以显现出较陈旧的或汗液较少的手印。

④选用的粉末颜色与承受客体表面的颜色要色差鲜明，从而显出的手印便于观察、拍照、检验。

（2）选用的毛刷必须干燥柔软，松散舒展。

（3）显现物面必须干燥平滑，无油污粉尘。

（4）撒粉和蘸粉要适当，不宜过多。

（5）用磁性刷的"磁穗"刷显物面时，要防止磁刷套管擦动物面，损坏手印。

（6）用磁性粉刷显时，忌在不锈钢、搪瓷等含有铁质的物面上进行刷显，承受客体易被磁化，影响显现效果。

（7）处于低温环境下的物体，粉末显现时会因冷热相遇而产生潮气，应将该类物体暖化干燥后，方可用粉末染色显现。

（8）揭离胶带纸时一定要匀速，不能停顿，否则在停顿处胶带纸上会留下一道停顿线，影响手印质量；若是深色粉末，揭下后可贴在透明物上，直接印相、放大。双曲物体，如球状物、茶杯盖等物面不能与胶带纸严密吻合，忌用胶带纸提取。

（9）经荧光粉末染色后的手印如用透明胶带粘取，应在激发光源下进行荧光效果检测后再粘取，以免影响荧光效果。

七、实验作业

(1) 选用金粉、银粉、磁性粉末,分别在不同客体上用不同方法显出手印,固定提取后,剪贴在作业表格中。交作业。

(2) 完成粉末法显现无色手印的实验报告一份。交作业。

八、研究与思考

(1) 比较几种粉末显现无色手印的优缺点。

(2) 了解粉末法显现无色手印的基本原理。

(3) 明确粉末法显现范围。

实验项目六 "502"黏合剂显现潜在手印

一、实验目的

(1) 了解"502"显现法显现无色潜在手印的机理和适用范围。

(2) 掌握"502"显现法显现不同客体上潜在手印的基本方法。

(3) 学会利用不同的显现条件,使"502"显现法取得最佳的显现效果。

二、实验原理

"502"黏合剂是以α-氰基丙烯酸乙酯为主体,含有少量对苯二酚和二氧化硫等阻聚剂的黏合剂。α-氰基丙烯酸乙酯单体分子与手印汗液中的水和氨基酸发生聚合反应,生成白色固态聚合物,从而显现出手印。

"502"显现法适用于玻璃、金属、瓷器、塑料、塑光纸、橡胶、皮革等几乎所有非吸湿性客体上的新鲜及较陈旧汗潜手印的显现。

三、实验内容

(1) "502"自然熏显法显现潜在手印。

(2)"502"加热熏显法显现潜在手印。
(3)"502"碱催熏显法显现潜在手印。
(4)"502"贴附熏显法显现潜在手印。

四、实验器材

(1)"502"黏合剂、氢氧化钾、乙醚。
(2)"502"指纹熏显柜(或玻璃容器、透明塑料袋、)试管、滴管、透明胶带、黑(白)衬底、铝箔、支架、剪刀、滤纸、脱脂棉。
(3)玻璃、塑料、塑光纸、人造革等各种显现客体。

五、实验步骤与方式

以学习小组为单位分四个实验小组:分别按时轮换完成"502"自然熏显法显现潜在手印、"502"加热熏显法显现潜在手印、"502"碱催熏显法显现潜在手印、"502"贴附熏显法显现潜在手印实验,并独自完成自己的实验作业。

(一)"502"自然熏显法显现潜在手印

(1)在玻璃、塑光纸、塑料、皮革等客体上留下汗液手印。
(2)将留有潜在手印的待显客体悬于熏显柜(或其他能密封的容器)内。
(3)在熏显柜底部的小容器内滴上5~50滴(视显现客体大小而定)"502"黏合剂,并把熏显柜的门关好。
(4)注意观察显现效果(此种方法显现时间要几小时至1~2天),将显出手印的客体取出。

(二)加热熏显法显现潜在手印

(1)在玻璃、塑光纸、塑料、皮革等客体上留下汗液手印。
(2)将留有潜在手印的待显客体悬于"502"熏显柜(或其他能密封的容器)内。
(3)在熏显柜底部的电热蒸发器皿内注入1.5~3克,3~20滴的"502"黏合剂(视显现客体大小而定);在加湿器中注入1.3~2.8毫升的水(当水变气体后,柜内的湿度为80%以上),并把熏显柜的门关好。
(4)根据待显客体大小调节温度(10~35℃)、湿度(10%~80%)和显现时间(20~30分钟),接通电源开始熏显。

(5) 注意观察显现效果，可用逐渐添加"502"黏合剂的方法控制显现效果。

(6) 待"502"黏合剂挥发 1～2 分钟后，手印即可显出，30～60 分钟即可将显出手印的客体取出。

（三）"502"碱催熏显法显现潜在手印

(1) 在玻璃、塑光纸、塑料、皮革等客体上留下汗液手印。

(2) 将留有潜在手印的待显客体悬于熏显柜（或其他能密封的容器）内。

(3) 将用 0.5N 的氢氧化钾溶液浸泡过的脱脂棉晾干，并切成 3～4cm^2 的小片，平放在熏显柜内的器皿（铝箔）上。

(4) 在棉片上滴加 3～30 滴"502"黏合剂，立即产生大量白烟，2 分钟左右手印显现，30～60 分钟手印完全显现。

(5) 将显出手印的客体取出，观察显现效果。

（四）"502"贴附熏显法显现潜在手印

(1) 在玻璃、塑光纸、塑料、皮革等客体上留下汗液手印。

(2) 用滴管将"502"黏合剂和乙醚按 1∶5 的比例在试管中混合。

(3) 把"502"黏合剂稀释液迅速、均匀、适量地涂染于快速定性滤纸上（可根据手印遗留时间的长短和客体的不同，用乙醚 2～8 倍稀释"502"黏合剂）。

(4) 待吸附有"502"黏合剂的滤纸表面自然晾呈半凝固状（受触无黏性），立即将滤纸覆盖在待显客体疑有手印的部位上，用力轻轻按压，使滤纸与有手印的物质充分接触。

(5) 待 1～5 分钟后，揭开滤纸观察，显出白色手印即可，如手印显出尚未完整，可用滤纸继续覆盖，直至显出完整手印。

（五）"502"显现法显出手印的提取

(1) 对塑光纸上的手印可原物提取后裁剪粘贴在实验报告上。

(2) 对塑料、皮革上的手印可照相提取后制作照片粘贴在实验报告上。

(3) 对玻璃上的手印可用粉末刷显后用透明胶带复印提取，然后裁剪粘贴在实验报告上。

六、注意事项

(1) "502"显现法显现时间长的长短与物面光洁程度、手印遗留时间、环境温度有密切关系，根据情况灵活掌握。

(2) "502"显现法不适用对油脂手印、血手印、灰尘手印及渗透性物面上的手印的显现。

(3) 操作时应戴手套、口罩和防护眼镜,以免受"502"气体的刺激、污染。

七、实验作业

(1) 用"502"自然熏显法在玻璃、塑光纸、塑料、皮革等不同客体上显现潜在汗液手印各五枚,并分别提取粘贴到实验报告上,比较显现效果,标注说明。

(2) 用"502"加热熏显法在玻璃、塑光纸、塑料、皮革等不同客体上显现潜在汗液手印各五枚,并分别提取粘贴到实验报告上,比较显现效果,标注说明。

(3) 用"502"碱催熏显法在玻璃、塑光纸、塑料、皮革等不同客体上显现潜在汗液手印各五枚,并分别提取粘贴到实验报告上,比较显现效果,标注说明。

(4) 用"502"贴附熏显法在玻璃、塑光纸、塑料、皮革等不同客体上显现潜在汗液手印各五枚,并分别提取粘贴到实验报告上,比较显现效果,标注说明。

八、研究与思考

(1) 比较"502"自然熏显法、"502"加热熏显法、"502"碱催熏显法、"502"贴附熏显法显现潜在手印优缺点。

(2) 明确"502"显现指纹范围。

实验项目七 硝酸银显现潜在手印

一、实验目的

(1) 了解硝酸银溶液显现无色潜在手印的机理和适用范围。
(2) 掌握硝酸银显现法显现不同客体上潜在手印的基本方法。

(3) 学会利用不同的显现条件，使用硝酸银显现法获取最佳的手印显现效果。

二、实验原理

硝酸银显现法显现潜在汗液手印，是硝酸银与汗液手印中的氯化钠发生化学反应，生成氯化银和硝酸钠。氯化银在光照下分解出灰黑色的单质银粒子沉淀，使无色汗液手印变成棕黑色的手印。

硝酸银显现法适用于显现各种浅色纸张、本色木上的汗液手印。

三、实验内容

(1) 硝酸银涂抹显现法显现潜在手印。
(2) 硝酸银浸染显现法显现潜在手印。
(3) 硝酸银喷雾显现法显现潜在手印。

四、实验器材

(1) 硝酸银、蒸馏水、无水乙醇、饱和氯化钠水溶液、淀粉。
(2) 烧杯、量筒、天平、小药勺、玻璃棒、小镊子、脱脂棉、玻璃板、灯箱 (100~200W)、剪刀。
(3) 普通白纸、牛皮纸、旧报纸等。

五、实验步骤与方式

以学习小组为单位分三个实验小组轮换完成硝酸银涂抹显现法显现潜在手印、硝酸银浸染显现法显现潜在手印、硝酸银喷雾显现法显现潜在手印实验。

（一）硝酸银涂抹显现法显现潜在手印

(1) 在普通白纸、牛皮纸、旧报纸等客体上留下汗液手印。
(2) 用镊子夹脱脂棉球蘸饱硝酸银水溶液（将1~5克硝酸银倒入100毫升的蒸馏水中，用玻璃棒搅拌溶解即可）或硝酸银乙醇溶液（将1~3克硝酸银倒入100毫升的无水乙醇中，用玻璃棒搅拌溶解即可）均匀、适量、轻轻地涂抹在有潜在手印的客体上。

(3) 待显现客体物表面阴干后置强光下曝光，并密切注视手印显现的颜色变化。
(4) 待到手印呈棕褐色显出后即可固定提取。

（二）硝酸银浸染显现法显现潜在手印

(1) 在普通白纸、牛皮纸、旧报纸等客体上留下汗液手印。
(2) 将待显客体浸入装有硝酸银水溶液或硝酸银乙醇溶液的容器内，并轻轻摇动容器使客体浸润均匀。
(3) 一分钟左右取出显现客体阴干后曝光。
(4) 待到手印呈棕褐色显出后即可固定提取。

（三）硝酸银喷雾显现法显现潜在手印

(1) 在普通白纸、牛皮纸、旧报纸等客体上留下汗液手印。
(2) 将喷雾器的喷口对准待显物表面，按下气压阀，使被显物表面均匀喷上硝酸银乙醇溶液或硝酸银水溶液。
(3) 待显现客体物表面阴干后曝光。
(4) 手印呈棕褐色显出后即可固定提取。

（四）硝酸银溶液显出手印的固定提取

(1) 照相固定提取法。用照相的方法对显现出的手印进行拍照并制作成照片。
(2) 原物提取法。对硝酸银溶液显出曝光适度的手印，可提取原物裁剪粘贴在实验报告上。
(3) 淀粉固定法。把已显出棕黑色手印的客体浸入糊状淀粉固定溶液中，1~8分钟取出，置清水中轻轻漂洗，待淀粉洗净、晾干即可。

六、注意事项

(1) 硝酸银溶液很不稳定，使用前应先进行试验。
(2) 要控制好曝光时间和光照强度，以免曝光过度。
(3) 对于文书、证券、优质胶面纸张上的手印不宜使用硝酸银乙醇溶液显现。

七、实验作业

(1) 用硝酸银涂抹显现法在普通白纸、牛皮纸、旧报纸等客体上显现手印各五枚，并分别提取粘贴到实验报告上，比较显现效果，标注说明。

(2) 用硝酸银浸染显现法在普通白纸、牛皮纸、旧报纸等客体上显现手印各五枚，并分别提取粘贴到实验报告上，比较显现效果，标注说明。

(3) 用硝酸银喷雾显现法在普通白纸、牛皮纸、旧报纸等客体上显现手印各五枚，并分别提取粘贴到实验报告上，比较显现效果，标注说明。

八、研究与思考

(1) 比较硝酸银涂抹法、硝酸银浸染法、硝酸银喷雾法显现潜在手印的优缺点。

(2) 明确"硝酸银"显现指纹范围。

实验项目八　茚三酮显现潜在手印

一、实验目的

(1) 了解茚三酮溶液显现无色潜在手印的机理和适用范围。
(2) 掌握茚三酮显现法显现不同客体上潜在手印的基本方法。
(3) 学会利用不同的显现条件，使茚三酮显现法获取最佳的显现效果。

二、实验原理

茚三酮显现法显现潜在手印，是茚三酮与手印汗液中的氨基酸发生化学反应，分解出氨（NH_3），同时茚三酮被还原。过量的茚三酮和生成的氨与还原的茚三酮发生缩合反应，生成蓝紫色化合物，从而显现出手印。

茚三酮显现法适用于显现各种浅色纸张、本色木、牛皮纸、票证等物面上的新鲜和陈旧汗潜手印。

三、实验内容

(1) 茚三酮涂抹显现法显现潜在手印。
(2) 茚三酮浸染显现法显现潜在手印。
(3) 茚三酮喷雾显现法显现潜在手印。

(4) 茚三酮 DFO 熏显箱显现潜在手印。

四、实验器材

(1) 茚三酮、丙酮、无水乙醇、DFO 溶液。
(2) 烧杯、天平、量筒、小药勺、玻璃棒、小镊子、脱脂棉球、喷雾器、电熨斗、电吹风、剪刀。
(3) 普通白纸、牛皮纸、旧报纸等。

五、实验步骤与方式

以学习小组为单位分四个实验小组，轮换完成茚三酮涂抹显现法显现潜在手印、茚三酮浸染显现法显现潜在手印、茚三酮喷雾显现法显现潜在手印、茚三酮 DFO 熏显箱显现潜在手印实验。

（一）茚三酮涂抹显现法显现潜在手印

(1) 在普通白纸、牛皮纸、旧报纸等客体上留下汗液手印。
(2) 用镊子夹脱脂棉球蘸饱茚三酮丙酮溶液（将 1~5 克茚三酮倒入 100 毫升的丙酮溶液中，用玻璃棒搅拌溶解即可）或茚三酮乙醇溶液（将 1~3 克茚三酮倒入 100 毫升的乙醇溶液中，用玻璃棒搅拌溶解即可）均匀、适量、轻轻地涂抹在有潜在手印的客体上。
(3) 待显现客体物表面阴干后置电吹风或电烫斗下加热，并密切注视手印显现的颜色变化。（常温下显现 1 小时，手印出现浅紫色纹线，通常 4~6 小时手印全部显出）
(4) 待到手印呈蓝紫色显出后即可固定提取。

（二）茚三酮浸染显现法显现潜在手印

(1) 在普通白纸、牛皮纸、旧报纸等客体上留下汗液手印。
(2) 将待显客体浸入装有茚三酮丙酮溶液或茚三酮乙醇溶液的容器内，并轻轻摇动容器使客体浸润均匀。
(3) 1 分钟左右取出显现客体阴干后置电吹风或电烫斗下加热。
(4) 待到手印呈蓝紫色显出后即可固定提取。

（三）茚三酮喷雾显现法显现潜在手印

(1) 在普通白纸、牛皮纸、旧报纸等客体上留下汗液手印。

(2) 将喷雾器的喷口对准待显物面，按下气压阀，使被显物面均匀喷上茚三酮丙酮溶液或茚三酮乙醇溶液。

(3) 待显现客体物表面阴干后置电吹风或电烫斗下加热。

(4) 待手印呈蓝紫色显出后即可固定提取。

实验表明，茚三酮显现法显现潜在手印，在温度50～70℃，相对湿度80%～100%的条件下手印显现效果最好。

（四）茚三酮DFO熏显箱显现潜在手印

(1) 在普通白纸、牛皮纸、旧报纸等客体上留下汗液手印。

(2) 将待显客体浸入装有茚三酮丙酮溶液或DFO溶液的容器内，并轻轻摇动容器使客体浸润均匀10～20秒后取出。

(3) 将显现客体物表面阴干1～2分钟。

(4) 将显现客体悬挂于熏显箱内的支架或网架上，关好箱门。

(5) 按下电源按钮，设定显现时间约20分钟，将功能置于茚三酮显或DFO显上。

(6) 按启动按钮，显现开始，自动调整温度和湿度。

(7) 显现时间到后，蜂鸣报警，显现结束，取出客体，观察手印效果。

六、注意事项

(1) 涂抹溶液时应用点滴涂抹的办法，动作轻巧，力求一次涂匀，切忌来回涂抹。

(2) 对油漆物面、塑料制品及含胶量高的纸张上的手印显现，不能使用茚三酮丙酮溶液。

(3) 潮湿物面忌用该法。因水分可引起溶液渗散，影响甚至破坏手印。

(4) 丙酮、乙醇等均为易燃液体，使用时应注意防火。

七、实验作业

分别用茚三酮涂抹显现法，茚三酮浸染显现法，茚三酮喷雾显现法，茚三酮熏显箱显现在普通白纸、牛皮纸、旧报纸等客体上显现手印，并分别提取粘贴到实验报告上，比较显现效果，标注说明。

八、研究与思考

比较茚三酮涂抹显现法、茚三酮浸染显现法、茚三酮喷雾显现法、茚三酮熏显箱显现手印的效果。

实验项目九　手印鉴定

一、实验目的

掌握手印鉴定的基本理论、基本程序和基本方法，能够独立完成手印鉴定书的制作，培养实际检验操作能力。

二、实验内容

（1）通过教师提供的案例或自编案例，检验现场手印与嫌疑人样本手印是否同一。

（2）学习制作符号规范的手印鉴定书。

三、实验器材

放大镜、直尺、分规、色笔（红笔）、胶水、实验用的现场手印和样本手印图片及鉴定书专用纸、特征记录纸等。

四、实验步骤与方式

（一）实验准备

仔细阅读教材中关于手印鉴定的有关内容，通过案例了解案情，明确检验鉴定的目的要求，检查实验器材是否齐备。

(二) 检验现场手印

首先用放大镜或立体显微镜（有条件时可用比对投影仪或其他工具）将手印放大，调整光线角度或视线角度，使手印纹线清晰、反差增强、易于观察，然后逐步做好如下工作。

（1）明确现场手印的具体方位：即根据案情和现场手印的具体形态判断其遗留部位和指尖朝向。

（2）明确现场手印的痕迹种类：即判断现场手印是立体手印还是平面手印，是怎样显现和提取的，以确定现场手印是乳突线痕迹还是小犁沟痕迹，如图片上是看白线还是看黑线。

（3）观察现场手印有无模糊、重叠、残缺或变形现象：现场手印大多会出现一定程度的模糊、重叠、残缺或变形现象，此时应考虑到特征可能产生的变化。

（4）判断现场手印的花纹类形和形态反映：现场手印遗留条件正常时，其花纹类形和形态是容易观察和辨别的，如出现模糊、重叠、残缺或变形现象时就要认真观察，以免出错。

（5）寻找和确定现场手印的特征：根据现场手印的具体情况，选择以下方法寻找确定特征。从点到面、逐步扩展的方法；先易后难的方法；先重点后一般的方法；顺纹线流向追踪的方法及同一现场手印的几种形象相互比较的方法等。

（6）对疑难手印特征的寻找、确定方法：此类手印，除使用上述方法外，还应针对具体情况做一些特殊处理。如模糊手印在模糊部位可使用平行线法或两头查线法；重叠手印在其重叠部位要仔细观察，有条件时应顺纹线流向进行纹线分离工作；残缺手印关键是定准印痕方位；变形手印要分析作用力的大小和方向，判断变形的程度等。

（7）测量现场手印的长宽面积及特征间的相互位置，将其结果记录或描绘在记录纸上。

（8）将寻找、确定的特征用绘制示意图的方式描绘在记录纸上，或用色笔直接在现场手印图片上标示、固定。

(三) 检验样本手印

（1）检查样本手印的质量是否符合要求，部位是否清晰、完整、不变形。

（2）观察样本手印的遗留部位、花纹种类等种类特征是否与现场手印相同，若种类特征明显不同，即可作否定结论，无须继续检验；若种类特征基本相同，则要作细节特征的进一步检验。

（3）检验样本手印的基本次序和方法与现场手印相同。

(4) 将现场手印和样本手印的特征相互对照,以验证某些特征的稳定性,有时还能发现新的特征。

(四) 比较检验

将现场手印和样本手印的全部特征进行对照比较,从中找出符合点和差异点。

1. 比较的部位和特征

重点选用花纹中心、三角及伤疤等部位那些明显可靠的、稀有少见的、稳定性较强的特征进行比较。

2. 比较的内容

主要是特征的分布位置、相互距离、间隔线数及特征的数量和质量(如每一特征具体的形状、大小、方向、角度等)。

3. 比较的方法

(1) 特征直接对照法:即在现场手印和样本手印的相同部位上选择一两个明显、可靠的符合点,并以此为起点,将二者的所有特征一一进行比较。然后用不同色笔分别将所有符合点和差异点在图片上标示出来。

(2) 特征连线比较法:首先将现场手印和样本手印制成同倍放大的照片,然后分别将二者相应部位的特征用直线两两相连,这些两两相连的特征点就构成了一定的几何图形,比较它们的形状、面积、边长、角度等是否相同。

此法适用于纹线清晰、特征少而稳定的手印,不适用变形手印。

(3) 特征重叠法:将现场手印和样本手印制成照相底片,然后在相应部位将其重叠,观察纹线的粗细、流向、间隔、形态及细节特征的重叠情况,其中重叠的特征为符合点,不重叠的特征为差异点。

(五) 综合评断、得出结论

将比较检验找出的符合点和差异点进行全面细致的综合分析,判断符合点是本质的还是差异点是本质的,最后作出是否同一的结论。

1. 认定结论的必备条件

(1) 种类特征相同。

(2) 细节特征总体相符,符合点是本质属性的反映。

(3) 差异点能得到科学的解释。

以上条件必须全部具备,才能作出认定(同一)结论。

2. 否定结论的基本条件

(1) 种类特征不符。

(2) 种类特征虽然相符，但细节特征总体不符，差异点是本质属性的反映。
(3) 少数符合点是某种因素造成的偶合或巧合。
以上条件只要具备其中之一，即可作否定结论。

（六）制作手印鉴定书

1. 文字部分

（1）标题：手印鉴定书。
（2）正文：包括绪论、检验、论证和结论。
绪论：根据教师所给案例或自编案例说明简要案情、送检单位、收检日期、现场手印和样本手印的种类、数量、提取方法，保管情况及鉴定要求等。
检验：说明检验的方法、手段及过程，记录检验所见和实验结果。
论证：对检验中的符合点和差异点进行综合分析，确定二者的本质属性，论述结论的科学依据。
结论：准确简练地表述鉴定结论。
（3）落款：鉴定人、复核人签字，注明鉴定日期并加盖刑事技术鉴定专用章。

2. 图片部分

一般情况下只需附两组特征比对照片，其中一组用来进行特征比对，另一组用来对照比较。具体贴法是：现场手印照片贴在左侧，样本手印照片贴在右侧。实际工作中，往往还需附现场手印所在位置照片和现场手印及样本手印的全貌照片。

五、注意事项

（1）特征标线应与特征基本垂直，所有标线呈均匀的放射状，特征序号按顺时针方向排列。
（2）否定结论只需简要说明理由，不需再写鉴定书。

六、实验作业

（1）检验若干个现场手印和样本手印，对每个现场手印和样本手印进行花纹类形、形态反映、痕迹种类的观察确定和各种特征的寻找、确定和描绘，每个现场手印须与1~3个样本手印相互比较。
（2）按教学要求完成若干份手印鉴定书的制作，其文章格式、文字内容及图片标示均按正规要求制作。

七、研究与思考题

(1) 如何理解手印鉴定的基本原理？
(2) 手印鉴定的基本程序是什么？
(3) 手印鉴定的基本方法是什么？
(4) 制作手印鉴定书应注意哪些问题？

附：手印鉴定书样本

手印鉴定书

(××)公侦技字第××号 (141)

一、绪论

××年×月×日，某单位三间办公室被盗，盗走现金3000余元、快译通一个、计算器两个。现场勘察时，在办公室桌面玻璃板上用铝粉显现提取指纹五枚，其中一枚花纹中心及左三角部位纹线清晰，特征明显，具有鉴定价值。根据其在办公桌上的位置及花纹形态反映，判断为左手拇指所留。在查对指纹档案时，发现××的左手拇指印与现场指纹极为相似，要求鉴定，现场指纹是否××的左手拇指所留。

二、检验

将现场指纹拍照放大固定，照片上白线为乳突线，分析判断为斗形纹。经仔细检验，在中心花纹左侧及下侧共检见细节特征九个；对××的左手拇指捺印样本进行检验，发现纹形为斗形纹。将样本指纹制成与现场指纹同倍放大的照片，照片上黑线为乳突线，其花纹形态和倾斜流向与现场手印相同，仔细检验在相应部位发现与现场手印相同的细节特征九个。

逐个比对这些细节特征，发现它们的形态、位置、结构、数量及相互间的关系等完全相同，无明显差异，见特征比对照片。

三、论证

现场指纹留痕虽不完整，但中心花纹以左部位纹线基本清晰，特征稳定。与××左手拇指印相互比较，二者在花纹类形、纹线流向及形态表现等方面基本一致，九个细节特征的形态、方位、布局等均较符合，反映了同一事物本质的共同属性，为他人所不能重复出现。构成认定结论的客观依据。

四、结论

某单位办公室被盗现场提取的左手拇指印是××的左手拇指所留。

鉴定人：××（印）
复核人：××（印）
××年×月×日
（盖章）

（附：特征比对照片，略）

实验项目十　捺印足迹样本测量足迹

一、实验目的

掌握捺印足迹的程序和方法，认识站立与行走时形成足迹的不同反映。掌握测量赤足足迹和穿鞋足迹的方法、步骤。

二、实验原理

利用油墨作为介质，依据油墨附着复印的原理，捺印油墨足迹样本。

三、实验内容

捺印赤足足迹和穿鞋足迹。测量赤足足迹全长、掌宽、弓宽、跟宽；测量穿鞋足迹全长及各部的长、宽。

四、实验器材

黑色油墨、调墨板、捺印板、油墨辊、白纸、分规、直尺、铅笔、捺印好的赤足足迹和穿鞋足迹。

五、实验步骤与方式

个人操作，捺印自己的足迹。

实验二 痕迹检验技术

（一）将油墨辊黏附油墨

先将少许油墨涂于调墨板上，再用油墨辊以纵、横交叉推碾的方式将油墨碾向四周，待油墨基本推碾匀后，最后以纵推方式，从一端匀速地向另一端推碾油墨辊，使油墨辊表面均匀地黏附油墨。

（二）将油墨板黏附油墨

将黏附了油墨的油墨辊，从捺印板的一端匀速地向另一端推碾，使捺印板均匀地黏附上一层油墨。油墨的厚度酌情而定。若捺印赤足足迹，可将有字的纸放在捺印板的背面，从有油墨的一面看，能隐约见其背面纸上的字即可；若捺印穿鞋足迹，油墨需比前者厚点，但要均匀。

（三）捺印赤足和穿鞋足迹

将赤足或穿鞋足轻轻踩踏在捺印板上黏附上油墨。若捺印站立时留的足迹，足应垂直踩在白纸上，再垂直提起；若捺走动时的足迹，跟后沿和趾顶端都要黏附上油墨，再以走动的方式在白纸上留下足迹，即足于纸上有碾动过程后形成的足迹。

（四）测量赤足足迹全长及各部的宽

1. 测量赤足足迹全长

先以第二趾痕的中心点（若无第二趾痕反映，则取拇趾痕与第三趾痕的间距中点）和跟痕最宽处的中心点，作一条连线为足迹中心线（亦称测量基线），再以最长趾痕的前缘和跟痕后缘的最突出之点，各作一条与足迹中心线相垂直的切线，两切线间的垂直距离，为足迹全长。

2. 测量赤足足迹各部宽

（1）测量掌部宽。以掌内侧最突出之点（拇趾跖趾关节处）作一条垂直于足迹中心线的直线，并延长交于掌外侧边缘，此线的长度为足掌宽。

（2）测量弓部宽。以弓部最窄处作一条垂直于足迹中心线，并交于内外边缘的直线，其长度为弓宽（断弓例外）。

（3）测量跟部宽。以跟部最宽处作一条垂直于足迹中心线，并交于内外边缘的直线，其长度为跟宽。

（五）测量穿鞋足迹的全长及各部的长宽

1. 测量穿鞋足迹全长

先以跟痕前缘 AB 的中点 C，作一条垂直 AB、并向两端延长交于跟后缘和掌前缘的直线为足迹中心线。再以掌前缘和跟后缘最突出之点，各作一条与足迹中心线相垂直的切线，两切线间的垂直距离，为穿鞋足迹的全长。

2. 测量穿鞋足迹各部长

（1）测量掌部长。若掌后缘与足迹中心线垂直，通过掌部的足迹中心线段长即为掌部长；若掌后缘与足迹中心线不垂直，则先分别以掌后缘与掌内、外缘的交点，作平行于以掌前缘最突出点所作的切线，然后分别测量掌内、外侧的长度。

（2）测量弓部长。若弓前缘（即掌后缘）与足迹中心线垂直，通过弓部的足迹中心线段长为弓长；若弓前缘与足迹中心线不垂直，则分别测量弓部内、外侧与足迹中心线相平行的线段长度。

（3）测量跟部长。测量通过跟部的足迹中心线段所得的长度为跟部长。

3. 测量穿鞋足迹各部的宽

（1）测量掌部宽。以掌内侧缘最突出之点，作一条与足迹中心线垂直并延长交于掌外侧缘的直线，其长度为掌宽。

（2）测量弓部宽。以弓部最窄处的内、外缘间的距离为弓宽。

（3）测量跟部宽。以通过跟部的足迹中心线段的中心作垂直该线的直线，并延长交于内外侧缘，其长度即为跟宽。

六、注意事项

（1）将无皱褶的白纸铺于平整的洁净处。
（2）在纸的中间偏上处捺上足迹。
（3）整个足迹的油墨浓淡均匀，纹线、图案清晰，特征明显。
（4）赤足和足穿鞋，按站立、行走方式，分别捺印。
（5）注意研究站立留的足迹与行走留的足迹的区别。
（6）操作时，不要破坏细节特征。
（7）在足迹的内、外侧和前、后端有关的测量点处作出标记，不要在足迹上画线，并在足迹外标明测量数据。
（8）若足迹反映不完整，应酌情选定测量点。

七、作业

（1）每人以站立、行走方式分别捺取左右脚赤足和穿鞋足迹各两份。
（2）每人交标出测量点和测量数据的赤足和穿鞋足迹各一份。

八、研究与思考

(1) 如何掌握捺印足迹的程序和方法？
(2) 怎样判断站立与行走时形成足迹的不同？
(3) 测量赤足足迹应包括什么内容？
(4) 测量穿鞋足迹应包括什么内容？
(5) 提取平面足迹的常用方法是什么？
(6) 如何提取松软泥土地上的立体足迹？

实验项目十一　测量分析足迹的步法特征

一、实验目的

学会测量步幅的方法，掌握17种常见的步态特征形成原因和表现形式。

二、实验原理

步法是人行走习惯及其反映出的规律，人体行走运动的规律特点在成趟足迹或单个足迹中，通过步法特征综合反映出来。

三、实验内容

(1) 测量成趟足迹的步幅特征，即步长、步宽、步角。
(2) 识别步态特征。

四、实验器材

测量线、钢卷尺、大号钉子、量角器、锄或铲、作业纸。

五、实验步骤与方式

以两人为一学习小组进行实验。

（一）测量步幅特征

（1）在实验场地正常行走留下成趟足迹。

（2）用测量线拉出复步的两条步行线，再分别在左右足迹上作出足迹中心线，线的两端用钉子固定。

（3）测量步长。即测量紧相邻的左右足迹相应部位之间的垂直距离。

（4）测量步宽。即测量足迹的内缘最突点到对侧步行线的距离。

（5）测量步角。用量角器测量步行线与足迹中心线于后跟中心点相交所构成的夹角度数。

在测量过程中，详细记录所测得的数据，并以此确定步幅类形。

（二）分析步态特征

1. 按要求模拟行走动作

（1）在实验场地上平整一块 10 米×1 米的走道；

（2）让一人按正常行走动作，在走道上走出常见的步态特征痕迹；

（3）观察各种步态特征出现的部位和形态特点，分析其形成的原因。

2. 观察分析落脚特征

（1）踏痕：出现在后跟后部，呈边沿后方堆土，后边沿整齐，因脚跟后部向前踏动地面，向前下方用力形成。

（2）磕痕：出现在后跟后边沿，呈横条或斜条状的向后裂纹，因脚跟后边沿向后下方磕动地面，向后下方用力形成。

（3）推痕：出现在后跟内边沿，呈内边沿内前方堆土，因脚跟内侧先着地并向前推动地面，向内前方用力形成。

（4）跄痕：出现在脚掌中部，后跟、脚尖前沿，呈脚掌中部有横条状裂纹，后跟前沿有堆土，脚尖前沿有喷土或踢土，因运步快，惯性大，脚掌平行跄动地面，平行向前用力形成。

（5）擦痕：出现在后跟后沿及后方，长条状或羊胡子状，因落脚低，后跟在向前移动时接触地面继续向前用力形成。

3. 观察分析支撑特征

（1）压痕：出现在前掌和后跟，呈横条形、斜条形、圆形等，因支撑体重，向下用力形成。

（2）迫痕：出现在内沿或外沿，呈鞋帮双边状痕迹，因上身左右晃动，脚掌向内侧或外侧压迫地面，向内或向外用力形成。

（3）坐痕：出现在后跟后沿出现鞋帮痕迹，呈双边状行走运动的反作用力使脚跟作用力使脚跟平行向后方用力形成。

（4）拧痕：出现在前掌中部及内外沿，呈中间麻花状旋转痕迹，边沿扩展有堆土，因臀部扭动带动支撑脚转动向内或向外用力形成。

4. 起脚特征

（1）蹬痕：出现在脚掌或脚趾部位，泥土向后移位，呈堆土或鳞状裂痕，因脚掌中后部或脚趾向后蹬土，向后下方用力形成。

（2）抬痕：出现在前掌中部，呈后跟中心长条状或星芒状痕迹，因抬脚快、高，向上用力形成。

（3）挖痕：出现在脚趾部位，泥土被挖翻并有甩土现象，呈坑状痕迹，因脚趾向后挖土向后下方用力形成。

（4）抠痕：出现在趾尖前沿，前方泥土被抠压，呈半月状痕迹，因趾尖向下抠压泥土，向后下方用力形成。

（5）挑痕：出现在趾尖前沿及前方趾尖，前沿表层泥土被踢开，边沿完整，因趾尖向前踢土，向前上方用力形成。

（6）耠痕：出现在趾尖前沿及前方趾尖，前沿的泥土被踢开，呈犁沟状痕迹，因趾尖向前踢土，向前方用力形成。

（7）扫痕：出现在脚掌内前方，呈带状扫土痕迹，因脚掌内边沿向内前方扫地面，向内前方用力形成。

（8）划痕：出现在趾掌的内前方，呈现条状弧形痕迹，因趾尖向内前方划动地面，向内前方用力形成。

（三）列表记录观察分析结果

六、注意事项

（1）实习场地要平整，表层呈粉尘状。

（2）作正常步行走，即按 120 步／分钟的速度行走。应于实习场地一端外 2 米处开始行走，在走道上留下一趟以上正常复步。

（3）在测量步幅时不要破坏足迹的步态特征，要求测量精度为 0.1cm。

（4）识别步态特征时不应在足迹上乱画，以免破坏足迹。

七、实验作业

在作业纸上记录、描绘出步幅、步态特征，并写出实验报告。

八、研究与思考

人行走落脚时会有哪些特征反映？

实验项目十二　制作足迹的石膏模形

一、实验目的

通过实验，了解石膏的性能，明确用石膏制模的步骤，熟练掌握熟石膏粉提取足迹的操作方法。

二、实验原理

根据石膏粉的性能，石膏粉与水按一定比例搅拌在一起呈流汁状石膏液，经一定时间后结成固体，形成足迹石膏模形。

三、实验内容

制作石膏足迹模形，提取松软泥土上立体足迹。

四、实验器材

石膏粉、清水、广口容器、围条、细木条（或铁丝、竹条）、铁钉。

五、实验步骤与方式

（一）制作前的准备

1. 做围墙

对已拍照固定的立体足迹，用泥土或制作一个可调大小的围带，在待制模的足迹周围堆起3~4厘米高的围墙，以防止灌注石膏液时外溢。

2. 清理足迹内的杂物

清理足迹形成后滚入、掉落的泥土、沙石或风吹进的树叶、草叶、纸屑等物，要小心地将杂物取出，不能损坏足迹特征。

（二）调灌石膏液

1. 调石膏液

（1）直接调石膏液：

将水按所需量盛在脸盆或其他广口容器里，在所需制模的足迹附近，用手调石膏液。调时，一手均匀地将石膏粉撒入水中，另一手用木片等工具顺容器底匀速搅拌。石膏粉和水的重量比例通常在 3∶5 左右。

（2）浸泡石膏法：

将所需量的清水盛在容器中，均匀地撒入石膏粉，由其自行沉入水底，自然饱和，5~10 分钟后，根据所需浓度，适当增减表层的清水，一般保持在 1~1.5 毫米，用时加以搅拌，即可制模。此法调出的石膏液凝固速度稍慢，不用围墙，在斜面也可以提取足迹。

2. 灌注石膏液

将调好的石膏液沿足迹底面低处的边沿缓慢倒入，让其自流，随着液面增大，自然地灌满整个足迹的表面，当足迹最高处厚度为 1 厘米左右时，将准备好的骨架放入，然后再继续灌注石膏液，灌石膏液时不要让骨架浮起，要让其紧贴于第一层表面上。

（三）模形的处置

1. 取模

灌模半小时左右，石膏即可凝固，如没有封签，可在石膏凝固前用尖细硬物在模形的表面上刻上制模时间、地点及模形编号等内容，为了判断模形是否凝固，可用食指在模形表面按压一下，若不向外渗水，说明模形已凝固，即可取模。取时，先将围墙除掉，再将模形圈围的土挖松掏开，双手平均向内用力搬动，小心将模形捧托取出。

2. 冲洗

稍干后，用清水冲洗，要顺水势自然冲洗，水势不能过猛过急，不能用刷子擦洗，也不能用手抠，以免损坏足迹特征，不能使模形底部表层洗得发白，一点反差也没有，要保持承痕体原来的色调。

3. 晾干包装

冲洗后的模形应放在通风处晾干，不应用高温烘干或曝晒，否则易碎，晾干后的模形应妥善加以保存，严防碰撞、掉落、摩擦。避免造成断裂、破碎，损坏特征。

六、注意事项

（1）制作足迹的石膏模形必须在拍照固定之后进行。
（2）要保持痕迹质量、特征不被破坏。
（3）所用制模原料量要根据足迹体积计算，一次成形，美观、坚固。
（4）制作足迹石膏模形的关键在调制石膏液，既不能太稀，也不能太稠，石膏的稀稠要根据承痕体和气候情况而定。要善于掌握调石膏液的速度，既要调快调匀又不要产生气泡。
（5）做围墙时必须注意，不要破坏足迹形态，特别是足迹周围的伴生特征也应在围墙内。
（6）放骨架不能太用力，免得骨架沉落于足迹底部破坏特征。

七、实验作业

（1）每位同学上交一枚自己制作的足迹石膏模形。
（2）每位同学都写出自己实验操作步骤。

实验项目十三　静电吸附器提取足迹

一、实验目的

通过实验，让学生掌握静电吸附器提取平面灰尘足迹的操作方法和灰尘加（减）层痕迹的提取方法。

二、实验原理

静电对细小颗粒有吸附作用，高压静电对灰尘颗粒的吸引力更大，静电吸附器就是利用它产生的静电来吸附灰尘足迹中的灰尘。

三、实验内容

静电吸附器提取灰尘足迹。

四、实验器材

静电吸附器、聚氯乙烯软片（塑料软片）、25cm×30cm 的薄金属板、照相机、比例尺、纺织品、塑料、水泥、油漆、水磨石、地板。

五、实验步骤与方式

两人一组，互相配合，个人独立操作。

（一）制作灰尘足迹样本

在水泥地面、水磨石地面、木板面、地毯、毛巾、纺织品不同的承痕客体遗留下灰尘加层足迹。

（二）用静电吸附仪复印灰尘足迹

1. 高压电板电极法

（1）将塑料薄膜包在 25cm×30cm 的薄金属板上，塑料膜面朝下，铺在疑留有足迹的承受客体上。

（2）并接静电发生器高压输出端到金属板朝上。金属板均匀带电使塑料膜与客体形成高压电场吸附灰尘足迹，为增加效果可用胶滚滚压金属板。

（3）接通静电吸附器电源，根据不同承痕体及灰尘足迹中灰尘的多少确定使用电压的高低。灰尘越少，电压越高，灰尘越多，电压越低。

（4）揭开薄金属板，观察塑料膜面下的灰尘足迹。接通电源后灰尘足迹复印到聚氯乙烯软片上。

（5）用照相方法拍照复印出来的灰尘足迹。

2. 高压滚动电极法

（1）在疑有足迹的客体上铺上塑料薄膜。

（2）用手持静电提取仪的滚动电极在塑料膜上单向滚动数次。

（3）待塑料薄膜与承痕体紧紧吸附后，去掉电极。

（4）揭开塑料薄膜，观察塑料膜面下的灰尘足迹。

(5) 用照相方法拍照复印出来的灰尘足迹。

（三）用透明胶带固定、提取拍照过的灰尘足迹

（四）记录、保管好灰尘足迹样本

六、注意事项

（1）只在干燥客体上使用，用后及时放电。
（2）保持板、膜与承痕客体贴实，不能在提取过程中发生相对移动，以免出现模糊、重叠。
（3）静电吸附提取的足迹，与捺印样本的左右方向相反，提取足迹后要进行拍照，通过晒相给予矫正过来。
（4）拍照时注意聚氯乙烯软片上复印出来的足迹反差强弱，适当增加曝光量，洗印出来的足迹照片才能清晰。
（5）如果承痕体表面灰尘过多时，可用同样方法反复吸附提取，直到清晰为止。

七、实验作业

（1）分别提取水泥地面、水磨石地面、木板面、纺织品、地毯、塑料等物品上灰尘足迹各一枚。
（2）加比例尺拍照，冲洗、扩印、矫正清晰足迹照片六枚。

实验项目十四　分析打击痕迹特征

一、实验目的

通过本实验，了解打击痕迹的形成机理；掌握不同方式的打击痕迹的特点；分析常见打击工具形成的痕迹特征。

二、实验原理

利用工具实现碰撞功能破坏客体，使承受客体产生塑性变形，从而形成打击

痕迹,反映工具接触部位的外表结构与形态。

三、实验内容

（1）制作打击痕迹。
（2）观察痕迹形态。
（3）分析痕迹特征。

四、实验器材

（1）立体显微镜。
（2）钳工锤、铁斧、直角三角尺、圆规、分规、量角器、铅笔。
（3）木板。

五、实验步骤与方式

两人一组,互相配合,制作样本,各自分析。

（一）观察常见打击工具的结构

（1）铁锤：铁锤由锤体和锤柄构成,锤头的打击面有圆形、方形、球形和六角形、八角形等,以钳工锤为例（见图2-42）。
（2）铁斧：铁斧由斧体和斧柄构成,斧头的打击面有长方形、方形之分（见图2-43）。

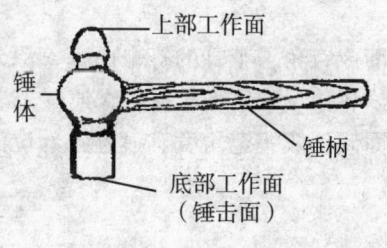

图2-42 钳工锤结构

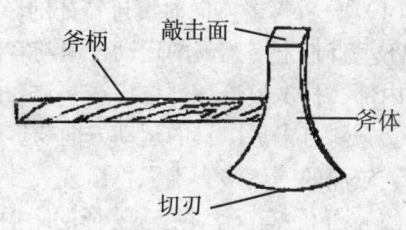

图2-43 铁斧结构

（二）制作样本痕迹

（1）制作不同打击力度的样本痕迹。

在实验台上固定一块表面刨光的木板,用钳工锤的球形击打面,分别以轻度、中度、重度力度打击木板,并标明痕迹序号,以便观察和分析、防止混淆。

(2) 制作不同打击角度的样本痕迹。

在实验台上固定一块表面刨光的木板,用斧头分别以垂直和倾斜的角度打击木板,并标明痕迹序号,以便观察和分析痕迹,防止混淆。

(三) 观察并描绘打击痕迹

(1) 在立体显微镜下观察痕迹的形态结构。
(2) 测量痕迹的大小。
(3) 制作观察文字记录。

(四) 分析打击痕迹特征

1. 铁锤和铁斧打击形成的痕迹特征

(1) 一般特征:痕迹的形状,大小。
(2) 个别特征:磨损,卷边,缺角,痕壁的线痕,痕止缘上的凸凹点,痕底上的凸凹点、线等细节特征(见图2-44)。

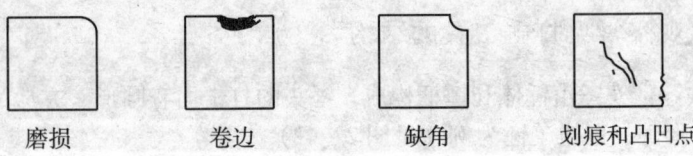

磨损　　　卷边　　　缺角　　　划痕和凸凹点

图2-44　铁锤和铁斧的个别特征

2. 不同打击方式对痕迹特征的影响

(1) 分析打击方向对痕迹特征的影响。

①垂直打击。工具的运动方向与客体表面成直角,工具的打击面垂直深入客体的内部。打击痕迹各部位深浅一致,痕止缘各边反映清晰、完整,痕壁光滑。

②倾斜打击。工具的运动方向与客体表面倾斜成一定角度、痕迹各部位深浅不一、较深的一侧多有堆积物出现。

(2) 分析打击力对痕迹特征的影响。

①轻度打击:痕迹呈浅表状凹陷,能反映出工具的轮廓及工具接触面上凸起部位的特征。

②中度打击:痕迹呈较深凹陷,能清晰反映工具轮廓,也能较好地反映细节特征。

③重度打击:痕迹呈孔洞状凹陷,能反映工具的轮廓,但细节特征反映不

好。如果客体呈粉碎状凹陷或碎裂，工具的轮廓和细节特征都不能反映。

六、注意事项

（1）在制作打击痕迹样本时，注意安全，小心操作，以免材料反弹时碰伤人。
（2）在形成打击痕迹时，只能在指定的位置、提供的木板上进行。不能将木板置于实验工作台上直接打击，以免震坏工作台上摆放的仪器，同时也可避免响声过大，破坏课堂秩序。
（3）描绘的痕迹是有稳定特征的痕迹。
（4）痕迹特征主要在痕底，痕止缘上寻找。
（5）实验器材用后应按规定整齐摆放在指定位置，不可到处乱丢。

七、实验作业

在实验过程中，注意记录，要求字迹工整，图文并茂，认真完成实验报告书，填写实验目的、实验原理、实验器材、实验内容、操作方法、注意事项、实验心得，并完成下列作业：
（1）找出一次性打击形成的痕迹，描绘痕迹的特征，特别是痕止缘与痕底上面的主要特征。
（2）论述打击方式不同对痕迹特征的影响。

实验项目十五　分析撬压痕迹特征

一、实验目的

通过本实验，了解撬压痕迹形成的机理，掌握不同撬压方式形成的痕迹特点，分析常见撬压工具形成的痕迹特征。

二、实验原理

利用工具实现杠杆作用破坏客体，使承受客体产生塑性变形，从而形成撬压痕迹，反映工具接触部位的外表结构与形态。

三、实验内容

(1) 制作撬压痕迹。
(2) 观察痕迹形态。
(3) 分析痕迹特征。

四、实验器材

(1) 立体显微镜。
(2) 螺丝刀、钢丝钳、台钳。
(3) 有锁的门吊儿(要钉在木板上)、铅片、钉到一起的木板。

五、实验步骤与方式

两人一组,相互配合、制作样本、各自分析。

(一) 观察常见撬压工具的结构

(1) 螺丝刀。由头部、杆部、柄部三部分组成,其中头部有刀口、大面、小面、棱边等部分(见图2-45)。

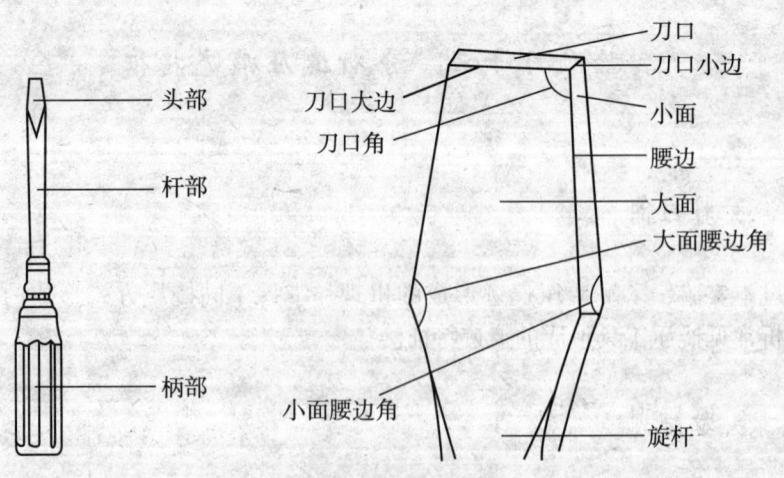

图2-45 螺丝刀结构

(2) 剪刀。由剪刃、剪轴和剪股组成，其剪刃部分又分为外侧刃、里侧刃、刃口和剪尖（见图 2-46）。

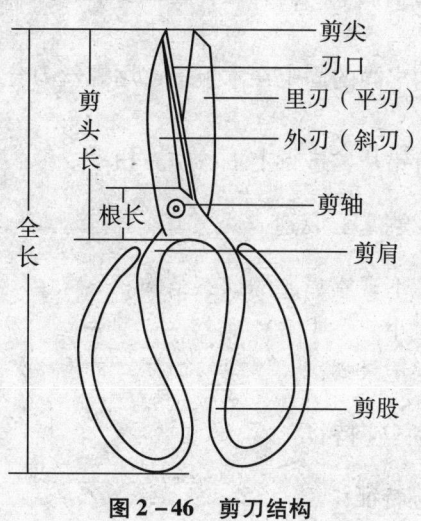

图 2-46　剪刀结构

(3) 钢丝钳。由钳口、钳腮和钳柄组成。钳口包括嘴顶、夹持面、刃口、刃侧。其中夹持面由前平台、齿纹、后平台组成（见图 2-47）。

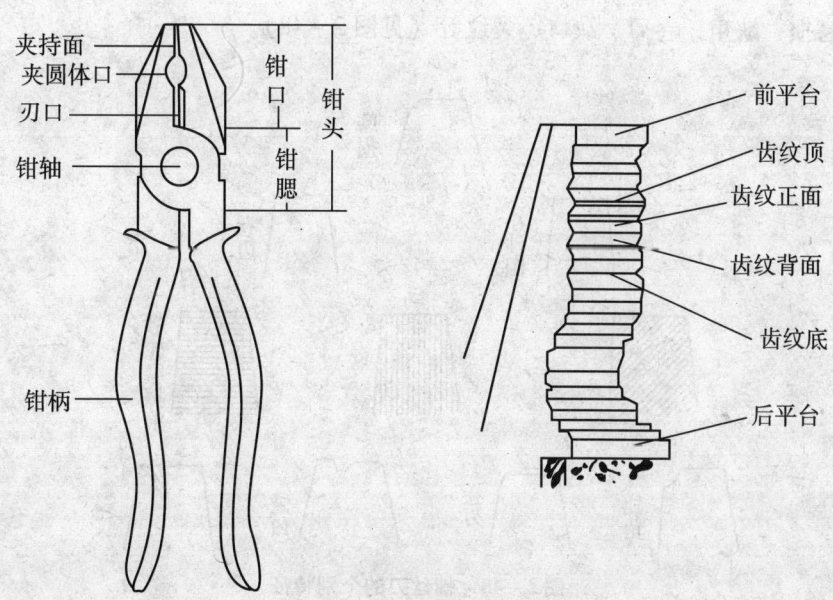

图 2-47　钢丝钳结构

（二）制作样本痕迹

（1）将两块刨光的木板牢固的钉在一起，要求边缘平齐，用螺丝刀、剪刀进行扩缝撬压。

（2）将钉锦、挂钩牢固的固定在木板上，用螺丝刀分别进行拆离撬压、扭转撬压。

（3）用钢丝钳夹持铅片，进行上下、左右扭动。

（三）观察并描绘撬压痕迹

（1）在立体显微镜下观察痕迹的形态结构。

（2）测量痕迹的大小。

（3）制作观察文字记录。

（四）分析撬压痕迹特征

1. 螺丝刀撬压痕迹特征

螺丝刀撬压痕迹主要反映头部、杆部的结构形态。

（1）一般特征：头部大面形状，小面形状，刀口的宽度、厚度，杆部的粗细等。

（2）个别特征：生产过程中产生的小沙眼，凹凸点，磨砂线；使用过程中形成的磨损、缺角、卷刃、缺口、裂纹等（见图2-48）。

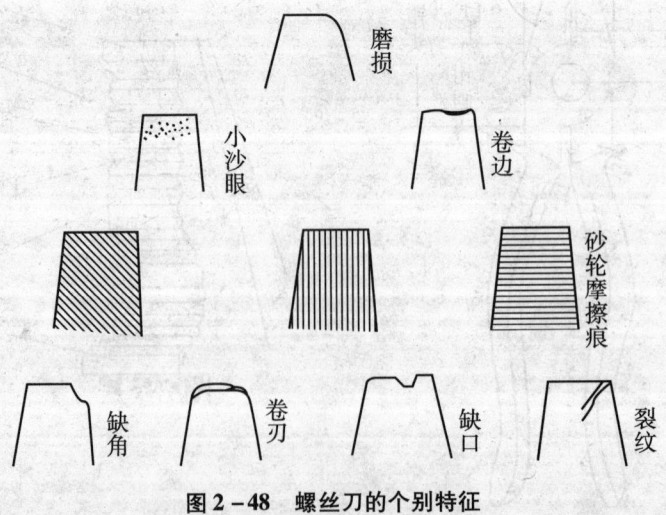

图2-48　螺丝刀的个别特征

2. 钢丝钳撬压痕迹特征

钢丝钳撬压痕迹主要反映钳头部位的结构形态。用钢丝钳钳头撬压时，多留下嘴顶部位的痕迹，如用头部侧面撬压，则留下钳侧边棱的痕迹，用夹持部位夹住客体进行撬压，则可留下前平台、齿纹、后平台的痕迹（见图 2-49）。

嘴顶痕迹　　嘴顶、齿纹侧面痕迹　　钳头侧面痕迹　　钳头侧面与边棱痕迹　　夹持面痕迹

图 2-49　钳头撬压痕迹

（1）一般特征：钳顶的宽窄与形状，侧边棱的宽窄与形状，前后平台的宽窄，齿纹的数量、间距等。

（2）个别特征：钳顶边缘凹凸点的位置、形状，侧边凸凹点的位置、形状，前后平台边缘与顶部凸凹点、线的位置、形状，齿纹顶部凸凹点的位置、形状，使用中形成的磨损、缺口、崩损的位置、形状等。

3. 剪刀撬压痕迹特征

剪刀撬压痕迹主要反映剪头部位的结构形态。双刃撬压时，双刃并拢，以剪尖和剪刃边棱作为支、重点，撬压后留下两个剪尖痕迹，一为外刃，一为里刃；单刃撬压时，剪刀处于张口状态，能反映剪尖形状、角度等。

（1）一般特征：痕迹的形状、宽度。

（2）个别特征：剪尖的形状与角度，剪背边棱的凸凹点，刃口的小豁口、卷刃，剪轴的形状与边缘凸凹状态等。

4. 不同客体对撬压痕迹特征的反应

（1）木质客体对痕迹的反应。

①当横向木纤维（垂直状）撬压时，一般来讲，工具的形状、前端边缘的凹凸不平特征能较清晰地反映出来，而两侧特征因纤维的分裂使特征反映不清晰。

②顺着纹理撬压时，工具前端常因纤维的分裂而使特征反映不清晰，两侧的特征容易反映出来。

③当斜向木纤维撬压时，特征的反映程度介于横顺纹两者之间。

（2）金属客体对痕迹的反映。

硬度大使得金属客体不易留痕，一般情况下铜及合金客体材质适当，塑性、韧性好，受力适中，能真实反映工具接触部位的结构特征，压力小时不易留下压痕压力大时，出现的压痕能反映工具接触部位形状和凹凸特征。对于金属客体，除利用痕迹特征外，还应注意木质客体与金属客体的联用，利用擦划痕迹和油漆等附着物。

六、注意事项

(1) 制作样本时，注意安全，只能在提供的材料上撬压。
(2) 描绘的痕迹应是有稳定特征反映的痕迹，即同一工具的几处痕迹中有相同的特征反映。
(3) 由于撬压破坏是以杠杆为破坏手段的，故形成的痕迹必成对出现，一个在支点，一个在重点，两者对应，方向相反。观察时一定要注意。
(4) 实验时，注意观察扩缝撬压、拆离撬压、扭转撬压、夹持撬压等不同撬压方式产生痕迹形态的不同，注意掌握彼此特征以便区别。
(5) 注意不同客体对撬压痕迹特征的反映。

七、实验作业

在实验过程中，注意记录，要求字迹工整，图文并茂，认真完成实验报告书，填写实验目的、实验原理、实验器材、实验内容、操作方法、注意事项、实验心得，并完成下列作业：
(1) 描绘常见工具的撬压痕迹特征。
(2) 怎样根据痕迹确定是撬压痕迹，其依据是什么？

实验项目十六　分析剪切痕迹特征

一、实验目的

通过本实验，了解钢丝钳剪切客体时的痕迹形成机理，熟悉常见的切口咬合形及断头的形状反映，掌握犯罪现场上常见的剪切方法及痕迹反映，分析剪切工具形成的痕迹特征。

二、实验原理

利用工具实现剪切作用破坏客体，使承受客体产生塑性变形，从而形成剪切痕迹，反映工具接触部位的外表结构与形态。

三、实验内容

（1）制作剪切痕迹。
（2）观察痕迹形态。
（3）分析痕迹特征。

四、实验器材

（1）立体显微镜。
（2）钢丝钳、剪刀、铅笔、橡皮、量角器、分规、直尺、橡皮泥。
（3）铅线。

五、实验步骤与方式

两人一组、互相配合、制作痕迹，各自分析。

（一）观察常见剪切工具的刃口结构和咬合方式

（1）钢丝钳钳刃包括刃顶、刃口、刃侧三个部位，按钳刃位置不同分为外刃、里刃、上刃、下刃，刃顶分为上下刃顶，刃口分为上下刃口和里外刃口，刃侧分为上下刃侧和里外刃侧。钢丝钳刃口咬合方式为对口咬合（见图2-50）。

（2）剪刀只有刃口，没有刃顶，刃口里侧为里刃侧，外侧为外刃侧。剪刀刃口咬合方式为错口咬合（见图2-51）。

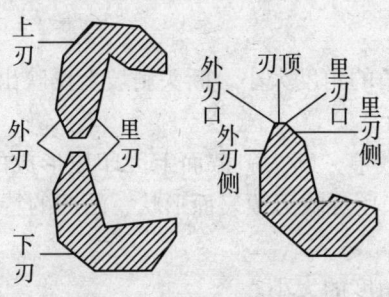

图2-50 钢丝钳刃口结构

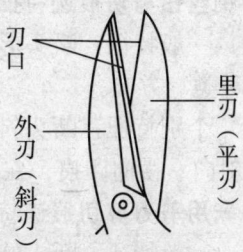

图2-51 刃口结构

(二) 观察钢丝钳与剪刀刃侧的加工纹线

(1) 钢丝钳刃侧的加工多用铣刀、锉刀、铲刀，会留下粗大、明显的铣纹、锉纹（外刃侧独有）、铲纹（里刃侧独有）（见图2-52）。

(2) 剪刀的刃侧多数为细密、不明显的磨痕。

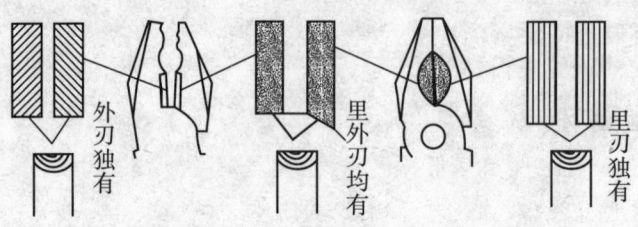

图2-52 钢丝钳刃侧的加工纹线

(三) 制作样本痕迹

(1) 利用钢丝钳采用不同方式剪切铅线，做好标记，以便观察和分析、防止混淆。

(2) 利用剪刀采用不同方式剪切铅线，做好标记，以便观察和分析、防止混淆。

(四) 观察并描绘剪切痕迹

(1) 在立体显微镜下观察痕迹的形态结构。
(2) 用图形描绘断头形状。
(3) 制作观察文字记录。

(五) 分析剪切痕迹特征

1. 钢丝钳剪切痕迹特征

(1) 一般特征：断头形状，断头峰角的角度大小，断头斜坡上反映出来的加工花纹种类、方向。

(2) 个别特征：断头斜截面上凸凹线痕，断头斜截面上因印压形成的粗大、明显的斜向、横向印痕，在痕止缘上因印压反映刃顶表面形状、凸凹的特征。

2. 家用剪刀剪切痕迹特征

(1) 一般特征：断头的形状，断头角度的大小。

(2) 个别特征：断头斜坡部位上单一凸凹线的结构形态，痕止缘部位出现的凸凹坑丘。

3. 不同工具对剪切痕迹特征的反映（以钢丝钳与家用剪刀为例）

(1) 峰角的区别：钢丝钳里刃咬合角小于外刃咬合角，形成的两个断头一个角度大，一个角度小；剪刀形成的断头峰角一样（见图2-53[1]）。

(2) 断头立顶的区别：钢丝钳形成的断头有立顶，且立顶正直，位于断头中央；剪刀形成的断头较少有立顶，有立顶时，立顶较薄，多向一侧倾斜（见图2-53[2]）。

(3) 断头断面的区别：

①断面面积的区别：钢丝钳形成的断头，两个斜面面积相等；剪刀形成的断头，两个斜面面积不等（见图2-53[3]）。

②断面上线痕流向的区别：钢丝钳形成的断头，斜面上线痕多与立顶成一定角度；剪刀形成的断头，斜面上线痕多垂直于立顶（见图2-53[4]）。

③断面上加工纹线的区别：钢丝钳形成的断头，斜面上线痕粗大明显，并伴有刃侧加工纹线的印压痕迹。剪刀形成的断头，斜面上线痕细密，无明显加工纹线的印压特征。

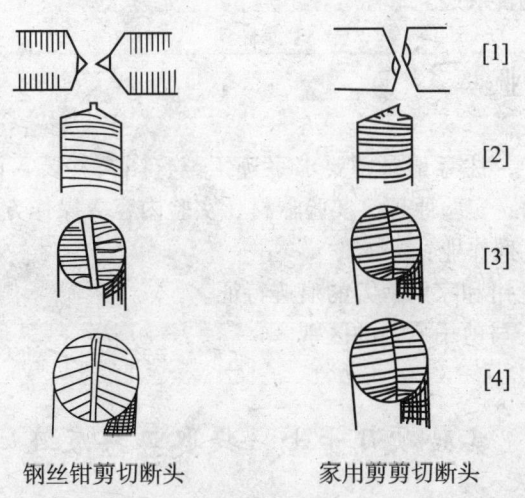

钢丝钳剪切断头　　　　家用剪剪切断头

图2-53

4. 同种工具对剪切痕迹特征的反映（以钢丝钳直剪和斜剪为例）

(1) 垂直剪切：形成的断头较整齐，断面也较匀称，能较真实地反映工具各部位的特征（见图2-54[1]）。

(2) 倾斜剪切：被剪切客体断头不整齐，断面往往一大一小，呈反对称形，线条状痕迹特征有倾斜流向的趋势（见图2-54[2]）。

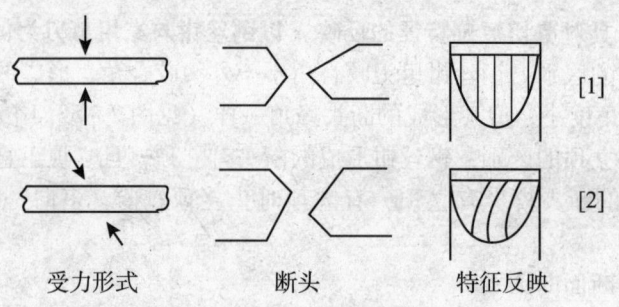

图 2-54 剪切类形对剪切痕迹特征的反映

六、注意事项

（1）注意安全。
（2）制作剪切样本痕迹时应一次作用完成。
（3）反复观察钢丝钳剪切断头上的印压痕迹和切划痕迹，理解断头斜面上刃口和刃侧形成的复合痕迹。

七、实验作业

在实验过程中，注意记录，要求字迹工整，图文并茂，认真完成实验报告书，填写实验目的、实验原理、实验器材、实验内容、操作方法、注意事项、实验心得，并完成下列作业：
（1）描绘钢丝钳和家用剪刀的痕迹特征。
（2）论述钳子与剪子痕迹的区别。

实验项目十七 提取工具痕迹

一、实验目的

通过本实验，使学生了解和掌握提取工具痕迹的一般步骤和方法，并能对常见的工具痕迹进行提取，尤其是掌握先固定痕迹、再提取痕迹，先观察和提取微量物质、再提取工具痕迹的正确步骤。

二、实验原理

固定痕迹一般都是用拍照的方法将现场的痕迹固定下来。制膜法提取工具痕迹，主要是利用了提取物质具有良好的塑性和弹性、不易断裂和破碎以及固化成形的特性来进行提取。

三、实验内容

（1）提取工具痕迹。
（2）提取微量物质。

四、实验器材

（1）立体显微镜。
（2）硬塑料、硅橡胶、固化剂、醋酸纤维素薄膜、易熔合金、丙酮、甘油、棉球、月桂酸二丁基锡、正硅酸乙酯、火棉胶、醋酸异戊脂。
（3）镊子、玻璃板、调墨刀、汤匙、透明胶带、毛刷、酒精灯、螺丝刀、铁锤、铝片、木板（或留有工具痕迹的木块或铝片）。

五、实验步骤与方式

个人独立操作。

（一）提取工具痕迹的方法

1. 硬塑料提取法
（1）用螺丝刀或铁锤在木板上形成撬压痕迹或打击痕迹（亦可以将以前实验中留下的撬压或打击痕迹分配给每组）。
（2）用镊子夹棉球，蘸少许甘油均匀地涂在痕迹上。
（3）将适量的硬塑料在热水中浸泡，并一边浸泡一边揉搓，使其允分均匀地变软；然后将其放在玻璃上压出一平面，该平面需光滑无沟痕，而后照痕迹部位用力下压，让它和痕迹充分接触，稍等片刻，等塑料重新变硬后，即可取出。

2. 软塑料提取法
（1）用铁锤在木板上形成较浅的痕迹。

（2）先在痕迹表面均匀地涂一层甘油作润滑剂。

（3）将软塑料揉成一团，并将一面放在玻璃等光滑物体表面压平。

（4）将软塑料压平的那面压入痕迹中，待软塑料完全与痕迹接触后垂直取出。

3. 硅橡胶提取法

（1）用螺丝刀或铁锤在木板上形成撬压痕迹或打击痕迹（或直接利用上边实验中的凹陷状痕迹）。

（2）取硅橡胶2克、月桂酸二丁基锡15滴、正硅酸乙酯15滴。然后搅拌均匀，静置片刻去泡，用调墨刀涂于痕迹处，待10分钟后固化即可取下。为了便于脱模，可在痕迹表面先涂少许甘油（也可以从市场直接购买硅橡胶成品，分给每组。实验时，直接将硅橡胶涂于痕迹上，待固化后可取下）。

4. 醋酸纤维素薄膜提取法

（1）在铝片上用螺丝刀形成擦划痕迹。

（2）根据痕迹大小取醋酸纤维素薄膜一片，用镊子夹住在丙酮中浸泡3~5分钟。然后拿出覆于痕迹上。再在上面加盖一片干醋酸纤维素薄膜，而后用力压紧1分钟。过20秒钟后，待醋酸纤维素薄膜干透即可取下。为了便于脱模，也可先在痕迹上涂少许甘油。

（3）将模形置于立体显微镜下，观察提取效果。

5. 石膏提取法

（1）用铁锤在木板上形成面积较大的痕迹。

（2）在痕迹表面涂上一层润滑油，用泥或软塑料做围墙。

（3）再把调好的石膏液（石膏与水之比为5∶3）直接倒入痕迹中。

（4）凝结后，放入沸水中煮或用沸水烫后就可以将石膏模形取出。

6. 易熔合金提取法

（1）在铝片上用螺丝刀形成擦划痕迹。

（2）将痕迹周围用事先准备好的软塑料做成小围墙，或者用钢丝钳将铝片四边折起。

（3）将易溶合金适量放入汤勺内，在酒精灯上加热，待其熔化后，从痕迹边缘部位缓缓注入，冷却固化后即可取出。

（二）提取微量物质的方法

工具痕迹除了反映工具外表形态结构的形象痕迹之外，还往往伴随有工具本身脱落的金属或油漆的微粒，提取工具痕迹前应注意发现和提取微量物质。

1. 收集法

（1）毛刷收集法。用洁净、干燥的毛刷轻刷工具痕迹的痕迹底面和痕壁以及痕迹周围，使痕迹内及周围的微量物质汇集到一起，再移入准备好的容器内，此法适用痕迹较浅、痕底、痕壁较光滑或面积较大的工具痕迹。

（2）镊子收集法。用竹签将粘在痕迹内部与周围的碎片、碎屑轻轻剥离。再用镊子将碎片、碎屑捡入准备好的容器内。此法适用于较大的碎片和碎屑。

（3）敲拍法。将承痕客体置于干净的白纸上方，用木棒轻敲或抖动客体（在闭风处），使碎片、碎屑或其他微量物质落于白纸上，再倒入准备好的容器内。此法适用于纺织物、纸张或有夹缝的客体上的微量物质的提取。

2. 粘取法

（1）AC 纸粘取法。AC 纸具有一定的黏性可以黏附微量物质。操作方法同 AC 纸制模法。

（2）火棉胶粘取法。取 2 克硝化火棉素，溶于 98 克醋酸异戊脂溶液中，配制成 2% 浓度的火棉胶醋酸异戊脂溶液，在凝有微量物质的部位滴上制备好的溶液，待溶液凝固后，火棉胶形成一个薄膜覆盖在客体表面上，用透明胶纸贴在火棉胶上，用手压实后，沿着胶面 30° 角方向拉下透明纸，即可提取。

（3）胶带纸粘取法。操作方法同粉末显现手印后胶带提取法。

六、注意事项

（1）提取工具痕迹时，要注意承痕客体的材质，再选取相应的提取方法。

（2）实际工作中，应先提取微量物质再提取痕迹。

（3）提取痕迹只可在规定的客体上进行，不得在其他物品或实验工作台上制作提取痕迹。

（4）保持室内通风良好。

（5）采取硅橡胶提取法，在取模时应从四周逐渐剥脱，对较深的痕迹模形，不可重拉，以防断裂。

（6）采取软塑料提取法，要在塑料完全与痕迹接触后，保持垂直取出，以防软塑料在取出时变形。

（7）采用石膏提取时，在取出模形时，要用开水烫淋或煮沸，以防石膏模形碎裂缺损。

七、实验作业

认真完成实验报告书，填写实验目的、实验原理、实验器材、实验内容、操作方法、注意事项、实验心得，并完成下列作业：

(1) 讨论各种提取方法的优缺点。
(2) 比较各种提取方法适用于何种客体和何种痕迹。

实验项目十八 分解枪支结构

一、实验目的

通过对几种常见国产军用枪支的分解与组合,了解枪支的结构与射击弹头、弹壳上痕迹形成的关系。

二、实验原理

根据枪支的结构组成,按照枪支的组合过程,对枪支进行分解结合。

三、实验内容

(1) 观察几种常见国产军用枪支的结构中各有关机件的名称。
(2) 分解与组合"五四"式手枪、"六四"式手枪和"八一"式步枪、"七九"式轻形冲锋枪,掌握常见国产军用枪支的分解与组合的顺序。
(3) 观察国产军用枪支中与形成枪弹射击痕迹有关机件的结构和形状。

四、实验器材

常见国产军用枪支,教学用步、手枪弹,体视显微镜,直柄放大镜,直尺,分规,铅笔,长、短通条,油刷,铁杆等。

五、实验步骤与方式

根据实验枪支的数量、种类分组进行,各组组长掌握分解与组合的进度,教师进行现场指导。

（一）了解枪支结构

观看枪械挂图，了解枪支结构中有关机件名称。

枪支的结构较复杂，机件很多。一般手枪有四五十个机件组成，步枪、冲锋枪有一百二三十个机件组成。实验的主要内容是了解与痕迹有关的机件及分解枪支必须涉及的机件（五四式手枪结构见图2-55）。

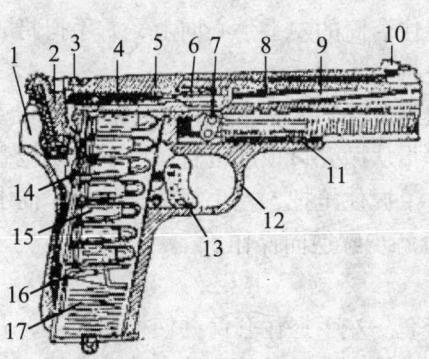

1. 套筒座　2. 击发机　3. 照门　4. 击针　5. 套筒　6. 弹膛　7. 铰链　8. 枪管　9. 膛线　10. 准星　11. 附进机　12. 扳机护圈　13. 扳机　14. 弹匣　15. 子弹　16. 托弹板　17. 托弹簧

图2-55　五四式手枪结构剖面

（二）分解与组合枪支

分解与组合几种常见国产军用枪支，了解枪支结构，重点观察形成痕迹的有关机件。

1. 五四式手枪的分解与组合

（1）分解步骤。

①先取出弹匣。右手握枪把，右拇指按压弹匣突笋，弹匣滑出，左手接住弹匣。慢拉套筒，检查膛内有无子弹。

②卸下连接轴。右手握枪把，左手用弹匣盖平面部分推动连接轴的卡簧，使其脱离连接轴，然后左手掌抵住枪口部位，中指扣住扳机护圈，稍推动套筒向后，用食指顶连接轴头部，右手卸下连接轴（见图2-56）。

③卸下套筒。右手握枪把，左手握住套筒，并用左手食、中指从下面抵住复进机（防止弹出），慢慢向前卸下套筒（见图2-57）。

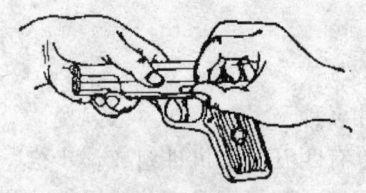 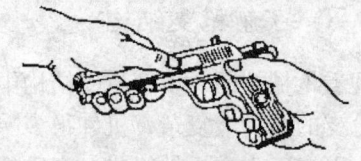

图2-56　拆卸连接轴　　　　　　　图2-57　拆卸套筒

④取出复进机。握住套筒的左手手心向上，右手拇指、食指、中指压缩复进簧，向上向前取出复进机。

⑤取出枪管套和枪管。左手握住套筒，右手将枪管转动半圈，向前取出，然后把铰链放倒，左手食指从抛壳口顶起枪管，右手取出枪管。

⑥取出击发机。右手握住枪把，左手抓住击发机，向上顺拉，将其取出。

（2）组合步骤与分解步骤逆向操作。

①装上击发机。

②装上枪管和枪管套。左手握住套筒并使枪面向下，右手握住枪管前端并使铰链向上，将枪管插入套筒内，然后将枪管套装入套筒到位，再向上转动半圈。

③装上复进机。左手握住套筒并竖起铰链，用右手拇指、食指、中指抓住复进机导杆座，将复进机插入套筒的复进机巢内，压缩复进簧，使导杆完全卡住枪管，并用左手食指、中指抵住复进机。

④装上套筒。右手握住枪把，并使击发机向下到位，将套筒座的导棱对正套筒的导槽，左手将套筒慢慢地向后连接在套筒座上。

⑤装上连接轴。左手掌抵住枪口，左中指扣住扳机护圈，稍推动套筒向后移，当套筒后端与套筒座后端对齐并能看清连接轴孔时，右手将连接轴插入其中，然后右手握枪把，用弹匣盖平面向前推连接卡簧到定位为止。

⑥装上弹匣。

组合完成后，反复拉动套筒数次，检查机件组合是否正确，最后将击锤送至保险位置。

2. 六四式手枪的分解与组合

（1）分解步骤。

①取出弹匣。右手握枪把，右拇指按压弹匣突笋，弹匣滑出，左手接住弹匣。打开保险，慢拉套筒，检查膛内有无子弹。

②卸下套筒。右手握枪把，左手将扳机护圈前端拉下，并稍向一侧推，抵在套筒座上。然后，手拉套筒向后到位，再将套筒后部向上抬起，借复进簧的伸张力，向前慢慢取下套筒。

③从枪管上向前取下复进簧。右手握枪把，左手取下复进簧。
（2）组合步骤。与分解步骤逆向操作。

3. 八一式步枪的分解与组合
（1）分解步骤。
①卸下弹匣，向后拉动枪机，检查膛内有无子弹。
②用左拇指顶复进机座向前移动，右手向上提起机匣盖，向后卸下机匣盖。
③推复进机座向前，待脱离机匣槽后，再向上并向后卸下复进机。
④将自动机拉到机匣最后方，向上取出自动机，并将枪机框与枪机分开。
⑤向里推动表尺座右侧的表尺轮，使限制轮脱离限制槽，再转动表尺轮使"0"码对准表尺座的白点，向上并向后卸下上护盖。
⑥转动调节塞，使其下方的定位突笋转向上方并对准导气箍上的缺口部位，向后推动调节塞，当调节塞前端脱离导气箍后端面时，从斜上方卸下调节塞。
（2）组合步骤。与分解步骤逆向操作。

4. 七九式轻形冲锋枪的分解与组合
（1）分解步骤。
①卸下弹匣。左手握机匣上方，用拇指按压弹匣卡簧，右手向下取出弹匣。
②打开枪托。左手握表尺下方节套，右手拇指向后按压前卡销使其与枪托脱离，余指向前扳起肩托，将枪托向上提起，并回转至战斗状态，被定位销卡住。
③取下机匣盖。右手打开保险，然后握住枪托，同时用拇指向前顶复进簧导杆，使其解脱机匣盖后，向上推机匣盖，左手将机匣盖尾部提起，取下机匣盖。
④取出复进机。左手握表尺下方，右手握住复进簧和导杆向前推，使其后端脱离机匣盖尾铁，向后上方取出复进机。
⑤取出缓冲垫和枪机。用右手拇指、食指捏住机匣尾部缓冲垫向上取出。将机框拉到最后方，向上取出枪机，再从机框上取下机体。
⑥取下气塞。左手握表尺下方，右手用冲子扳开限制簧片，再用冲子从左向右顶出气塞销，取出气塞。从活塞孔内取出活塞。
（2）组合步骤。与分解逆向操作。

（三）观察枪支结构中与形成痕迹有关的机件

1. 枪管部分
枪管是枪支最基本的机件，它既是射击弹头痕迹的主要造痕体，也是射击弹壳上部分痕迹的造痕体。枪管内表面叫枪膛，枪膛一般可分为三个区域，即弹膛、坡膛和线膛（见图2-58）。

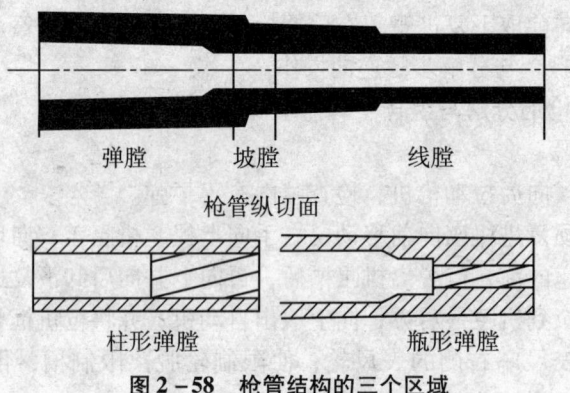

图 2-58　枪管结构的三个区域

(1) 弹膛：弹膛在枪管的后部，是子弹待发时固定子弹不能移动的装置，其形状与尺寸必须与枪支所发射子弹的弹壳外形尺寸相一致，弹膛形状有柱形和瓶形两种。

(2) 坡膛：坡膛在枪管的中部，前有线膛，后有弹膛，由后向前直径收缩呈喇叭形。其作用是弹头脱离弹壳后，将弹头导入线膛，密闭火药气体。

(3) 线膛：线膛在枪管的前部，是枪管的主体部分，它是弹头在膛内运动并加速的主要场所。其内壁有凸凹旋转的阴阳膛线，射击时，弹头外壳与阳膛线相互挤压、摩擦，使弹头按膛线方向旋转，在弹头上形成膛线痕迹。平滑枪管无膛线，弹头以平抛的方式射出。

2. 枪机部分

枪机也叫枪栓，主要包括弹底窝、击针、拉壳钩、抛壳口等机件，是推子弹上膛、闭锁子弹、击发子弹的装置。

(1) 弹底窝。又称后膛，是枪机的前表面，呈圆形凹槽，与配用子弹的弹壳底座直径相适应。其主要作用是将子弹推入弹膛后与弹壳底座扣合，防止子弹在发射时移位。子弹发射后，弹壳后退，在底座上留下弹底窝痕迹。

(2) 击针。击针是直接撞击子弹底火的针状机件。位于弹底窝中心部位。其作用是撞击子弹底火引燃发射药。同时在弹壳底部留下击针头痕迹。

(3) 拉壳钩。拉壳钩是退壳时抓拉弹壳底槽的主要机件。其作用是将弹壳从弹膛内拉出，并与抛壳挺配合将弹壳排出枪管。在弹壳底座边缘上留下拉壳钩痕迹。

(4) 指示杆。又叫信号销，是显示弹膛内有无子弹的针状机件，位于击针上方。指示杆前端突出于弹底窝表面，当子弹上膛后，弹壳底座顶住指示杆前端，使其尾部突出于枪机表面，以显示弹膛内有子弹。五二公安手枪、六四式手枪、七七式手枪均有指示杆，在弹壳底座上都会留下指示杆痕迹。

(5) 推弹突笋。又拨弹机，是用来推子弹上膛的装置。它位于弹底窝下部。推子弹上膛时，在弹壳底座击针痕的上方形成推弹突笋痕迹。

(6) 抛壳口。又名排壳口，是枪机上专为排壳开设的洞孔，多位于弹底窝的右前方。抛壳口多呈椭圆形，横截面积约比弹壳截面大 1/3。弹壳抛出时，在弹壳柱面上留下抛壳口痕迹。

3. 枪机匣部分

枪机匣是连接枪管、枪机并引导自动机有关机构运动的装置。枪机匣部分主要有击锤、抛壳挺、扳机、弹匣等机件。

(1) 击锤。是位于击针后方的机件。其作用是敲打击针，击发子弹。

(2) 抛壳挺。又称排壳器，是枪机匣上专为排壳而设置的机件，多位于枪机匣的左侧，与拉壳钩的位置相对。抛壳时，在弹壳底座留下抛壳挺痕迹。

(3) 弹匣。弹匣是装子弹的机件。装弹方式有单排和双排等形式，手枪一般为单排，步枪、冲锋枪一般为双排。子弹上膛时，弹壳柱面与弹匣口发生摩擦而形成平行的线状痕迹。

(4) 扳机。是引导击锤打击击针的机件。

六、注意事项

(1) 实验时应养成良好的习惯，操作时严禁将枪口对人；坚持枪支与实弹分离；每次接触枪支，首先检查膛内有无子弹。

(2) 分解与组合枪支时，严格按照程序进行，不得违规操作，以免损坏机件，影响枪支性能。

七、实验作业

每人交一份实验报告，叙述枪支分解结合的过程，阐述枪支主要部件的功能。

（附：常见国产枪种的有关结构资料表）

常见国产枪种的有关结构资料表

部件\数据及形状\枪种\内容	结构特点 弹底窝		击针		拉壳钩			抛壳挺		指示杆有或无
	加工痕	形状特点	直径(毫米)	形状	宽度(毫米)	位置	形状	位置	
"五四"(五一)式手枪		圆	φ2-0.12-0.18 φ2-0.12-0.18		3.5	8:30~9:30		4:00~5:00	无
"六四"式手枪 "七七"式手枪		锥 锥	φ1.6 R0.8 φ1.6 R0.8		5.5 3.5	9:00~11:00 10:00		近3:00 4:00	有φ1 无
"公安"式手枪		圆	φ1.6		3	8:50~9:20		近3:00	有φ1.1
"五九"式手枪		锥	φ1.6 R0.8		5	9:00~11:00		近3:00	无
"五四"式冲锋枪		固定撞针	φ2 R1		4	9:00~10:10		3:00~4:00	无
"五〇"式冲锋枪		固定撞针	φ2 R1		5.5	11:30~12:30		6:00	无
"五六"式冲锋枪		圆平	φ2 R0.8		7	9:00~12:00		近4:00	无
"五六"式步枪		圆平	φ1.7 R0.8		7.5	9:00~12:00		3:00~4:00	无
"六三"式步枪		圆平	φ2 R0.8		7	9:00~12:00		近4:00	无
"五三"式步枪		圆	φ2.2 R1.1		4.5	8:30~9:30		近3:00	无
小口径步枪		矩	1×1.5		1.1	3:00 9:00		3:00 9:00	无
"五六"式机枪		圆平	φ1.66 R0.8		8	5:30~6:30		12:00	无

实验项目十九 分析弹头结构及痕迹特征

一、实验目的

了解弹头的结构，了解弹头上射击痕迹形成过程和作用原理，掌握射击弹头上的主要痕迹特征。

二、实验原理

子弹发射时，弹头在高温、高压、火药气体的作用下，与枪管内机件发生机械作用，因而在射击弹头上会形成痕迹反映。

三、实验内容

(1) 观察弹头结构。
(2) 观察并描绘射击弹头上的痕迹特征。

四、实验器材

各种教学子弹，射击过的弹头，体视显微镜，放大镜，分规，直尺，笔等。

五、实验步骤与方式

以班为单位，根据教学用弹和射击过的弹头数量分成若干小组，由班长统一掌握各组进度，各组组长负责本组各种子弹的交换使用，每个同学独立操作。

（一）了解弹头结构

弹头是用于直接杀伤和破坏目标的枪弹重要组成部分。根据弹头结构成分的不同可以起杀伤、穿甲、燃烧、爆炸等作用。根据弹头的外形，整个弹头可分为头部、圆柱部和尾部。弹头外表面俗称弹头披甲。

（二）熟悉膛线枪支射击弹头上的痕迹特征

在射击弹头上，弹头披甲表面形成的粗大凹陷状条痕称阳膛线痕迹，其相邻受摩擦形成的线条痕迹称阴膛线痕迹。阳膛线痕迹是由两条棱线痕迹（见图 2-59）、条带状的凹陷区和起末端痕迹组成。它是射击弹头上的主要痕迹特征，也是区分枪种、认定发射枪支的主要痕迹特征。

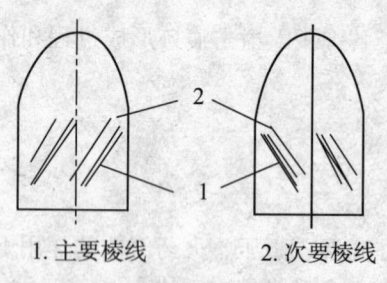

1. 主要棱线　　2. 次要棱线

图 2-59　阳膛线的主、次要棱线痕迹

1. 阳膛线痕迹的数量

枪种不同，阳膛线数量也各不相同，常见 4 条和 6 条膛线的枪支居多。国产枪支中，4 条膛线的占大多数。但五二公安手枪具有 6 条膛线，部分高射机枪有 8 条膛线。阳膛线数量是枪支种类特征，检验时要查清楚。如果射击弹头表面痕迹较模糊时，应根据主要棱线痕迹的数量，查膛线的数量。

2. 阳膛线痕迹的宽度

阳膛线痕迹的宽度，是指阳膛线痕迹中两条棱线痕迹之间的垂直距离。阳膛线的宽度属枪种特征。不同的枪支，其阳膛线宽度不同，窄的只有 0.5mm，宽的达 2.7mm 以上。

3. 阳膛线痕迹的倾斜方向

由阳膛线痕迹的倾斜方向可直接确定枪支膛线的旋转方向。膛线枪管有左旋和右旋之分。从枪膛看向枪口，膛线呈顺时针方向旋转的为右旋膛线。当前世界各国不同种类的枪支，以右旋膛线枪支居多，但也有左旋膛线的枪支。国产枪支均为右旋膛线。在射击弹头上阳膛线痕迹自右上向左下倾斜的为右旋膛线枪支发射所形成。

4. 阳膛线痕迹的倾斜角度

阳膛线痕迹的倾斜角度，是指阳膛线痕迹中心线与弹头中心轴所构成的夹角大小。它是枪管内阴阳膛线缠度大小特征的反映。不同的枪支因阴阳膛线的缠度不同，弹头上阳膛线痕迹的倾斜角度也不同。当前世界各国的不同种类的枪支，其膛线的缠度一般为 3°~8°，我国绝大多数枪支其缠度为 5°42′。

5. 阳膛线的磨损特征

根据阳膛线的磨损特征，可确定发射枪支的枪管新旧程度。根据阳膛线的磨损程度不同，可分为三种情况：

（1）轻度磨损。阳膛线主、次要棱线痕迹反映清晰，小线纹痕迹少，阴膛线痕迹极少。

（2）中度磨损。阳膛线的主要棱线痕迹能反映出来，次要棱线痕迹反映呈片断、不明显，阴、阳膛线痕迹中小线纹增多。

（3）高度磨损。阳膛线主、次要棱线痕迹已分辨不清，有的可见少量片断状的主要棱线痕迹。阴、阳膛线之间小线纹密集。

6. 初、次生痕迹

在射击弹头的披甲上，可见一部分线条状痕迹与弹轴平行，叫初生痕迹；另一部分与弹轴线构成一定的夹角，叫次生痕迹。初生痕迹是弹头在坡膛区呈直线运动时，与坡膛表面摩擦所形成的线条痕迹。次生痕迹是弹头进入线膛区后，在开始转动前所形成的线条痕迹。不同的枪支，坡膛表面的凸凹特征不同，形成的初生痕迹不同；坡膛与线膛联结凸棱处特征不同，所形成的次生痕迹也不同。初、次生痕迹是认定枪支的细节特征之一（见图 2-60）。

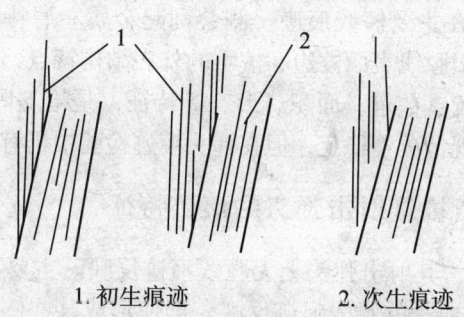

1. 初生痕迹　　　　2. 次生痕迹

图 2-60　弹头上的初、次生痕迹

7. 阳膛线痕迹的起、末端痕迹

在射击弹头上，阳膛线痕迹靠弹头头部的一端称起端痕迹，靠弹头尾部的一端称末端痕迹。每支枪因弹膛与坡膛结合处、枪口部位、膛线圆弧面的固有特征和磨损情况不同，所形成的起、末端痕迹也不同。其基本形态有平直形、倾斜形、弯曲形和波浪形等。阳膛线痕迹的起、末端痕迹是认定枪支的细节特征之一（见图 2-61）。

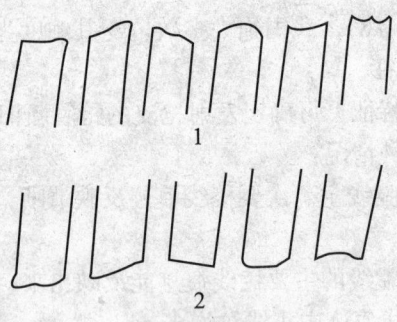

1. 起端　　　2. 末端

图 2-61　阳膛线的起、末端痕迹

8. 膛线痕迹中的小线纹

小线纹痕迹是指分布在射击弹头披甲上，多具有一定斜度的线条状擦划痕迹。小线纹痕迹是弹头挤进膛线和在膛内旋转前进时，弹头披甲表面受线膛内表面的挤压、摩擦作用而形成的。不同的发射枪支，小线纹不同，它是认定枪支重要的细节特征。

9. 金属卷屑痕迹特征

对于新的枪支，因膛线的棱边、棱角锐利，弹头直径较大，弹头与阳膛线发生挤压、摩擦作用，在主要棱线痕迹一侧会刮起金属卷屑特征。金属卷屑特征不能具体、形象地反映阳膛线表面棱边、棱角的外表结构特点，但能反映出枪管磨损的程度。它的分布位置、数量、面积、形态等特征，是枪支固有特征的客观反映。金属卷屑痕迹特征出现情况不稳定，但在弹头痕迹检验中仍有一定参考价值。

（三）了解平滑枪管射击弹头的痕迹特征

平滑枪管无膛线，其射击弹头上无膛线痕迹反映。主要特点有：

（1）没有倾斜状成片的膛线痕迹反映。即使形成某些倾斜小线纹，也是局部的，少量的。

（2）弹头表面分布的擦痕比较乱，无规律，且分布不均匀。

（3）弹头的头部和尾部一般不留痕的部位，时有擦痕出现。

（4）弹头因枪管口径过小而发生变形、碎裂等现象。

六、注意事项

应注意保护射击弹头上痕迹特征，实验中应避免射击弹头与其他客体发生碰撞。

七、实验作业

每人写一份射击弹头痕迹图示的实验报告。

实验项目二十　分析弹壳结构及痕迹特征

一、实验目的

了解弹壳结构，了解射击弹壳上痕迹形成过程和作用原理，掌握射击弹壳上的主要痕迹特征。

二、实验原理

在装弹、击发、退壳过程中，由于枪支机件与弹壳表面发生挤压、碰撞等机械作用，因而在射击弹壳上会形成痕迹反映。

三、实验内容

（1）观察弹壳结构。
（2）观察并描绘射击弹壳上的痕迹特征。

四、实验器材

各种教学用弹，射击过的弹壳，体视显微镜，放大镜，分规，直尺，笔等。

五、实验步骤与方式

以班为单位，根据教学用弹和射击过的弹壳数量分若干小组，由班长统一掌握进度，各组组长负责各种子弹的交换使用，每个同学独立操作。

（一）了解弹壳结构

弹壳是连接弹头、底火并盛装发射药的器材。弹壳就外形可分为口部、肩部、体部和尾部四部分。手枪弹无肩部，呈直筒形（圆柱形）。弹壳与弹头的连接方式通常有：平面紧口、卡窝紧口和腰带紧口。弹壳的形状有柱形和瓶形两种。一般手枪弹为柱形弹，步、机枪弹为瓶形弹。在弹壳底部表面，大多数有制造工厂和年份标志符号（弹壳各部位名称见图2-62）。

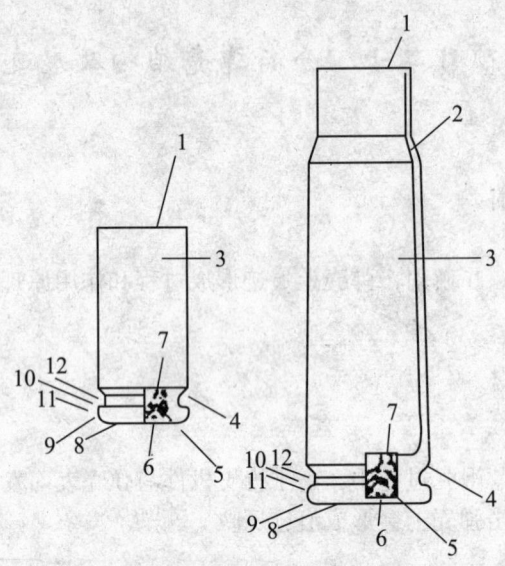

图2-62 弹壳各部位的名称

注：1. 壳口 2. 斜肩 3. 壳体 4. 斜面 5. 底火 6. 底火帽 7. 传火孔 8. 壳底面 9. 后边缘 10. 前边缘 11. 棱边 12. 底槽

（二）观察识别射击弹壳上的痕迹特征

射击过程分装弹、击发、退壳三个阶段，不同的阶段在弹壳上会留下不同特征的射击痕迹。

1. 装弹阶段形成的痕迹

（1）弹匣口痕迹。将子弹压入弹匣时，由于受托弹簧弹力作用，弹壳体和弹匣口的两侧棱边发生摩擦，在弹壳体和底座边缘留下单线条痕或两条平行线痕。托弹簧弹力较大和新的枪支发射的弹壳，弹匣口痕迹较明显，反之痕迹反映不明显。

（2）枪机下表面痕迹。在装弹过程中，枪机后退，枪机下表面与弹匣口上排子弹的柱面发生滑动摩擦，会在弹壳体表面形成较粗的条、带状痕迹。

（3）推弹突笋痕迹。装弹时，枪机后退到位，在复进簧作用下向前复进时，弹匣口上排子弹被推弹突笋（或弹底窝的下边缘）顶推进弹膛，在弹壳底面会留下横条状或角点状的推弹突笋痕迹。这种痕迹反映常不太明显。

(4) 指示杆痕迹。有些枪支带有指示杆即信号销装置（如六四式手枪），在装弹入膛和击发子弹时，会留下指示杆痕迹。其形状呈圆形，位置在击针痕迹的正上方。

2. 击发阶段形成的痕迹

(1) 击针头痕迹。击针在击锤的打击下撞击底火，在弹壳底中心部位形成凹陷状的击针头痕迹。由于各种枪支和每支枪的击针头形状、直径端面特点及固定在弹底窝面上的方式等不同，其痕迹反映也各异。击针头痕迹特征既是枪种特征，又是细节特征，在检验中价值很大。击针头痕迹有圆形、方形、椭圆形等不同形状，痕迹面积大小不同，深浅不同。五一式手枪和五四式手枪的击针头痕还伴有"舌痕"反映。

(2) 弹底窝痕迹。弹底窝痕迹又称后膛痕迹。它是弹壳底面在火药气体压力作用下与枪机弹底窝紧压贴合而形成的印压痕迹。不同种类的枪支，枪机弹底窝表面结构特点不同，弹底窝加工纹不同，所形成的痕迹反映也不同。弹底窝加工纹痕迹一般可分八种类形，即上下纵线痕、左右横线痕、左倾线痕、右倾线痕、同心圆痕、交叉线痕、弧形线痕、点块痕等（见图 2-63）。

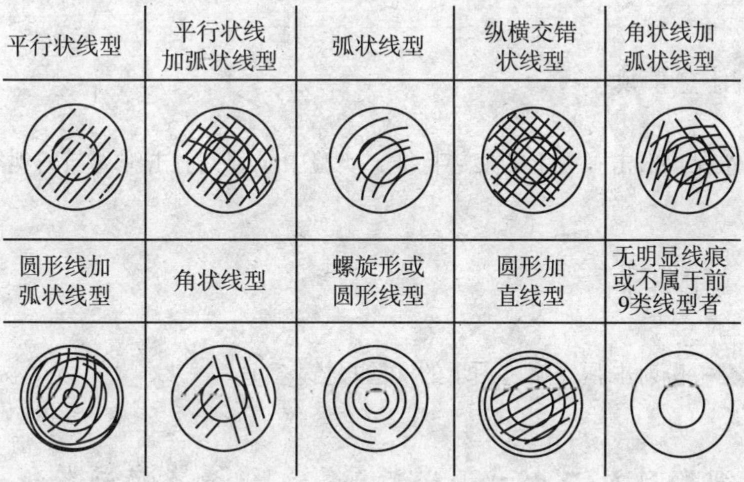

平行状线型	平行状线加弧状线型	弧状线型	纵横交错状线型	角状线加弧状线型
圆形线加弧状线型	角状线型	螺旋形或圆形线型	圆形加直线型	无明显线痕或不属于前9类线型者

图 2-63 弹底窝痕迹

(3) 弹膛内壁痕迹。弹膛内壁痕迹又称膛内壁痕迹。它是膛内高温高压条件下，弹壳产生径向膨胀与弹膛内壁紧压贴合而形成的印压痕迹。膛内壁痕迹主要反映膛内壁生产加工特点。如六四式手枪发射弹壳有四条螺旋形加工痕迹，宽约2mm；七七式手枪发射弹壳，中部有一条环状加工痕迹，宽约3mm；八〇式自动手枪发射弹壳，其口部、肩部及体前部有六条纵轴线状加工痕迹。膛内壁痕迹是重要的枪种特征。

（4）弹壳上的附加痕迹。弹壳上附加痕迹是指射击时烟垢外逸附在弹壳上的火药颗粒残渣、枪油、烟垢痕迹特征。它虽不是枪机机件的痕迹特征，但是附加痕迹的多少、分布位置往往反映枪种的区别，在检验中有一定的参考价值。

3. 退壳阶段形成的痕迹

（1）拉壳钩痕迹。在整个射击过程中，拉壳钩都会形成痕迹反映，但是，退壳过程是拉壳钩痕迹形成的主要阶段。射击弹壳上的拉壳钩痕迹，主要反映在弹壳底槽内，呈点状痕迹反映。拉壳钩痕迹的位置是区别枪种的重要特征之一。

（2）抛壳挺痕迹。抛壳挺痕迹是退壳过程中，弹壳后退，弹壳底座与机匣、机座上的抛壳挺相撞而形成的痕迹。抛壳挺痕迹和拉壳钩痕迹的位置总是相对出现。抛壳挺痕迹的形状、大小与表面细节特征，既是区别发射枪种的特征，又是认定发射枪支重要的细节特征。

（3）抛壳口痕迹。抛壳口痕迹是退壳过程中，弹壳因受拉壳钩和抛壳挺同时作用时，改变方向，从抛壳口旋转抛出，弹壳体的表面与抛壳口的后边缘相撞而留下月牙形的痕迹。抛壳口痕迹特征明显，出现率高，但位置不稳定，只能区分枪种范围。

六、注意事项

应注意保护射击弹壳上的痕迹特征，实验中应避免射击弹壳与其他客体发生碰撞。

七、实验作业

每人交一份射击弹壳痕迹图示的实验报告。

实验项目二十一　分析弹孔、弹着点痕迹特征

一、实验目的

通过对弹孔、弹着点的观察，分析射入口、射出口以及不同射击距离的痕迹特征。

二、实验原理

枪弹发射后,弹头以较高的速度和能量冲击目标,在被射物体或人体上会形成痕迹反映。

三、实验内容

(1)观察识别在不同距离射击下,在被射客体上形成的弹孔、弹着点痕迹特征。

(2)观察识别弹头穿射人体的弹孔特征和入出口特征。

(3)观察识别弹头穿射玻璃板、铁皮、木板、砖块石头、厚纸板、纺织品等物体的弹孔特征和入出口特征。

四、实验器材

在不同距离(5cm、30cm、50cm、100cm、200cm)射击下,带有弹孔、弹着点的以上各种被射客体,放大镜,直尺,笔,记录用纸等。

五、实验步骤与方式

分成若干小组(6~10人一组),在教师指导下分别观察分析各种客体上的弹孔、弹着点的痕迹特征。

(一)观察识别被射客体的痕迹特征

观察识别在不同距离射击下,在被射客体上形成的弹孔、弹着点痕迹特征。

1. 贴近射击的痕迹特征

贴近射击是指射击时枪口不与客体接触、距离很短,这个距离范围随枪支的不同而改变(一般在2~5cm以内)。其被射客体入口有浓厚而面积小的烟垢痕迹和密集的火药灼伤痕迹(有时深入内层和弹道壁),烧焦痕迹(如毛发、纤维等客体上);入口边缘往往呈扩裂、撕裂状态;弹孔缺损特征明显,多呈圆孔状,并合不起来;在衣服上,常形成"十"或"T"形的裂口(大小与枪种有关),且裂纹较长;在人体、衣服等客体上有时留下枪口压痕。

2. 近距离射击的痕迹特征

近距离射击是指枪支距客体有一定距离,但枪口仍十分靠近客体表面的射击，以致从枪口中喷出的火药颗粒在弹孔周围的客体表面上产生火药颗粒嵌入伤迹。近距离射击具有明显、典形的近距离射击残渣的分布特征（如弹孔较圆整，无缺崩、扩裂；烟垢分布的环层相对清晰；火药残渣不过于密集）。各种射击残留物随着射击距离的不同，而发生有规律的变化。如五四式手枪，烟晕从 0～30cm 均有，密度随着距离增加其变化为，由少到多，再到少直至消失，在 20～30cm 时密度最大，分布范围由小到最大。

（二）观察识别弹头穿射人体的弹孔特征

观察识别弹头穿射人体的弹孔特征和入出口特征。

通过录像或图片，观察在不同距离射击时人体或动物上的弹孔形态和入出口特征，将所观察到的描绘、记录下来。

在人体上，由于人的皮肉组织具有一定的弹性和韧性，因此，射入口周缘比较光滑。弹头的瞬时速射，易使皮肤呈圆形缺损，弹孔的直径稍小于弹头的直径。同时，弹头穿入人体与皮肉撞擦，会形成形似轮状的表皮擦伤，缘口呈细小齿状略向内凹的冲撞轮痕迹，在其内缘出现深褐色的卷曲状血糊，即擦拭圈的特征。在入口的周围还常可见到烟垢、火药粒等附带射击痕迹。但在贴近情况下射击，入口处常形成炸裂和扩裂，使入口大于出口。人体上弹头射出口在一般情况下要比射入口大些，较少有缺损特征反映，多呈星芒状的裂开，可以合拢起来，通常还能见到血肉组织的外流现象（见图 2-64）。

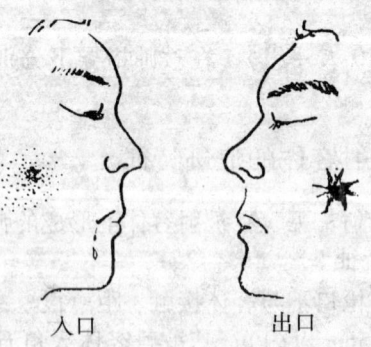

入口　　　　　出口

图 2-64　人体上的弹孔特征

（三）观察识别弹头穿射物体的弹孔特征

观察识别弹头穿射玻璃板、铁皮、木板、砖块石头、厚纸板、纺织品等物体的弹孔特征和入出口特征。

1. 玻璃板

玻璃为脆性材料,在弹头碰击玻璃瞬间,玻璃产生崩落破碎,射入口特征为:入口小,边缘光滑、平整,辐射状裂纹较密而短,蛛网状裂纹密集于弹孔周围,辐射裂纹断面上的弓形纹汇集点指向入口。射出口特征为:出口大,呈喇叭形,孔缘有玻璃碎屑剥落,辐射裂纹断面上的弓形纹散射端指向出口(见图2-65)。图中玻璃上形成的弹孔,箭头所示为弹头飞行方向。

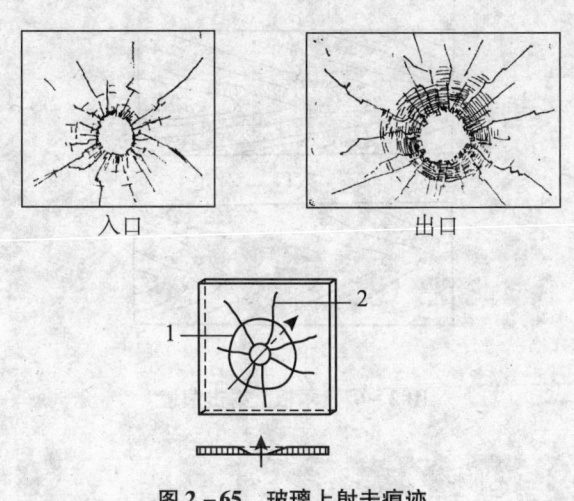

图2-65 玻璃上射击痕迹

注:1. 同心纹 2. 辐射纹

2. 铁皮

射入口特征为:弹孔孔沿凹陷,周缘光滑整齐,多因冲塞式破坏而呈圆形缺损;口缘有时有金属光泽,但无细小裂纹,难见擦带。射出口特征为:弹孔边缘呈锯齿形或花瓣形;口缘的锯齿碎片外翘(见图2-66)。

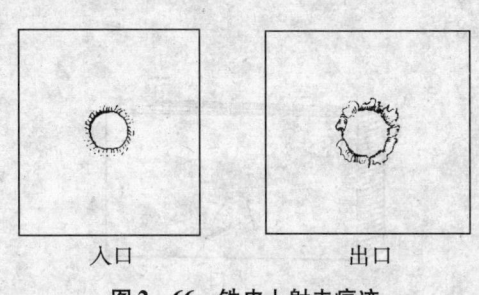

图2-66 铁皮上射击痕迹

3. 木板

射入口特征为：弹孔外边沿常见明显擦带，近距离射击可看到射击残留物；入口一侧的弹孔边缘略向内陷，或有细小碎口分布；入口弹孔较小，形状较圆整。射出口特征为：出口一侧弹孔面积较大，很不规整，孔缘呈明显的崩裂状；出口一侧不见擦带和射击残留物；出口处常见到折裂的木茬屑外翘（见图2-67）。

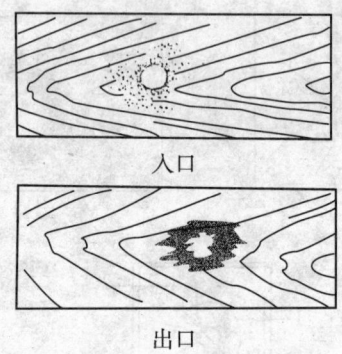

图2-67 木板上射击痕迹

4. 砖块石头

砖块石头基本上属脆性材料，弹头撞击砖块石头，常发生变形、崩裂或反跳别处，此时在撞击点可见弹头划擦过的金属屑外，还易出现大块裂口，入口方向有较多崩裂的沉渣、碎块，往往因目标较厚弹头无力贯穿，其能量也消耗在使自身变形碎裂上，故在入口方向有时可见弹头披甲破片及其分离物，目标上的弹洞常呈锥形孔洞或无规则崩陷，如弹头在目标上跳飞，则目标表面有沟状挖痕，有时甚至出现片状崩裂。若目标厚度较小，弹头有能力贯穿目标，则弹孔基本呈喇叭形，但因脆性及破碎式破坏，出口方向有大量片状、块状破片，目标表面常见星状裂口（见图2-68）。

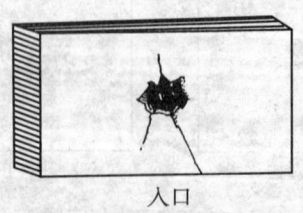

图2-68 砖头上射击痕迹

5. 纸板

射入口特征为：射入口一侧弹孔小，边缘相对光滑，有擦带；近距离射击时，弹孔周围有射击残留物。射出口特征为：射出口一侧弹孔大，形状不规整；边缘比较毛糙，纸屑外挤，出口一侧没有射击残留物。

6. 纺织品

射入口特征为：弹孔边缘略向内陷，多呈灰褐色，擦带较明显，纤维断裂而仍较整齐；近距离射击时，入口周围有较明显的射击残留物；在接触射击时，无论衣服内层有无衬垫物，多能形成"十"、"T"形撕裂，有衬垫物时，裂纹较短些，裂纹的纤维多指向出口；弹孔中心多呈缺损，射击距离越近，枪支威力越大，缺损越明显。射出口特征为：难观察到擦带和射击残留物；裂纹的纤维向出口一侧外翻蜷曲；孔沿略有外突现象（如较近距离射击，在薄层纺织品的出口一侧，易见到火药粒、金属屑等"小尖"状指向出口的突起）（见图2-69）。

入口　　　　　　出口（贴近射击）

图2-69　纺织物上射击痕迹

六、注意事项

（1）妥善保管带有弹孔、弹着点痕迹的客体，严防碰撞损坏。
（2）实验中不得触摸弹孔、弹着点及其附带射击痕迹，防止破坏痕迹特征。

七、实验作业

记录描绘观察到的各种痕迹特征，每人制作实验报告一份。

实验项目二十二　比对弹头弹壳痕迹特征

一、实验目的

进一步熟悉弹头弹壳上形成的痕迹，掌握现场弹头弹壳痕迹特征与样本弹头弹壳痕迹特征比对的方法。

二、实验原理

根据同一认定原理，弹头弹壳痕迹特征与枪支有关机件外表结构的细节特征认定同一，可以认定射击枪支。

三、实验内容

(1) 观察现场弹头弹壳上的痕迹特征。
(2) 观察样本弹头弹壳上的痕迹特征。
(3) 比对样本弹头弹壳与现场弹头弹壳上的痕迹特征。
(4) 综合评断作出结论。

四、实验器材

比较显微镜、立体显微镜、现场上的弹头弹壳、样本弹头弹壳、相机、胶卷、色笔、记录用纸等。

五、实验步骤与方式

用同一支枪射击的弹头和弹壳各两枚，分别作为"现场"和"样本"弹头弹壳，按以下方法进行。

(一) 观察现场弹头弹壳上的痕迹特征

把现场弹头弹壳分别置于立体显微镜下，观察寻找发射过程形成的痕迹特征。在弹头上，着重寻找阳膛线的数量、宽度、斜度，主、次棱线痕迹中的突出特征，明显的初、次生痕迹的分布和上面的细小擦痕反映。在弹壳上，着重寻找弹底窝加工纹线类形、形状、分布及细小特征，击针头痕迹的大小、位置、形状，拉壳钩和抛壳挺痕迹的相互位置、各自的形状、大小、宽度等。

（二）观察样本弹头弹壳上的痕迹特征

同观察现场弹头弹壳上的痕迹特征一样，在立体显微镜下着重寻找样本弹头上阳膛线、主棱线和次棱线等痕迹特征；在样本弹壳上着重寻找弹底窝加工线、击针痕迹，拉壳钩和抛壳挺痕迹上的特征反映。

（三）比对样本弹头弹壳与现场弹头弹壳上的痕迹特征

把通过分别检验后，认为是同一支枪发射的弹头弹壳置于比较显微镜下进一步观察，将线条痕迹特征接合比对，并对接合的痕迹特征加以评断，对于评断确认的特征照相记录。比对检验的方法主要有：

1. 特征对照比对法

比对时，将现场和样本弹头弹壳上相同部位的特征，并列安放使两者处于同一坐标内，然后观察确定特征的符合点和差异点。该法适用于现场弹头与样本弹头上的主次要棱线痕迹，初次生痕迹，起末端痕迹的分布、形态等特征的对照比对；现场弹壳与样本弹壳上的拉壳钩痕迹、弹底窝痕迹、击针头痕迹、抛壳挺痕迹、指示杆痕迹等形态特征的对照比对（见图2-70）。

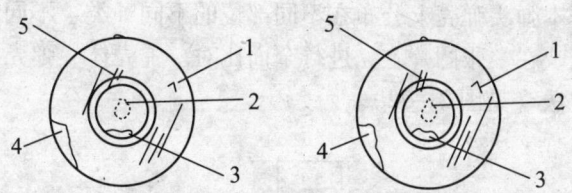

图2-70 特征对照比对法

注：1. 拉壳钩痕迹 2. 击针头痕迹 3. 指示杆痕迹 4. 抛壳挺痕迹 5. 弹底窝痕迹

2. 线条接合比对法

将现场与样本弹头弹壳上相同部位的线条痕迹分成两段，用现场上弹头弹壳上的线条痕迹的一半与样本弹头弹壳上的线条痕迹另一半加以拼接，看是否完全接在一起。比对时，将现场弹头弹壳旋转在比较显微镜左边的载物台上，将样本弹头弹壳放置在比较显微镜右边的载物台上，使检验面保持水平位置，通过目镜观察检材，移动载物台升降调节轮、纵向或横向调节轮，调到适当位置，然后进行比对。该法适用于现场弹头与样本弹头上相应的线条痕迹的接合比对；现场弹壳与样本弹壳上的线条状弹底窝痕迹、弹膛内壁擦痕、拉壳钩擦痕、舌痕等线条状痕迹的接合比对（见图2-71）。

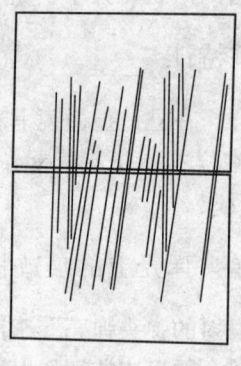
比较显微镜中接合

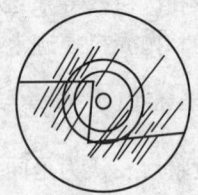
剪裁照片接合

图2-71 线条接合比对法

3. 特征重叠比对法

将现场与样本弹头弹壳上击针、抛壳挺、弹底窝等处，按其位置、形状、大小加以重叠比对。弹壳上的击针、指示杆、抛壳挺、弹底窝等痕迹都具有一定形态、面积，边缘轮廓较清晰，其具体的形状、大小、位置等可采用此方法进行比对。

4. 特征配套比对法

将现场和样本弹头弹壳上分布在不同部位的不同种类、不同形状的特征，综合地、特写地反映在一张图片上，进行全面比对。弹壳体、弹壳底面上的多处痕迹特征适用此方法（见图2-72）。

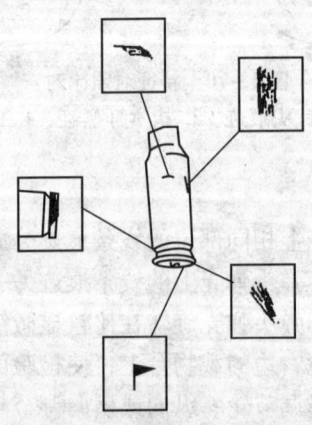

图2-72 特征配套比对法

（四）综合评断作出结论

1. 认定结论

综合现场与样本弹头弹壳上的特征，符合点是本质的，差异点是非本质的，且差异点能得到合理的、科学的解释，可做认定结论，即两者是同一支枪发射的。

2. 否定结论

现场与样本弹头弹壳上的特征，差异点是本质的，某些符合是现象的、偶然的，可做否定结论，即两者不是同一支枪发射的。

六、注意事项

（1）现场弹头弹壳与样本弹头弹壳要分别做好标记，避免混淆。

（2）对弹头弹壳要妥善包装和保管，避免破坏其痕迹特征。

（3）显微镜镜面上有灰尘或污物时，不得用手或布及普通纸擦拭，应用吹气球或用镜头纸擦。

（4）显微镜上的所有部件，不得自行拆卸，以防损伤或丢失。

（5）仪器用完后，应罩盖好，放在通风干燥处。

七、实验作业

（1）制作"特征比对照片"一份，对两者的符合点和差异点，用不同色笔按顺时针方向标示序号于其上。或在作业纸上描绘示意图标示。

（2）制作实验报告一份。

实验三 文书检验技术

实验项目一 正常笔迹检验

一、实验目的与要求

(1) 了解笔迹检验的程序与方法，掌握笔迹检验的基本步骤。
(2) 理解掌握各类笔迹特征的运用，进一步学习笔迹特征的选取及标示方法。
(3) 学会制作规范的笔迹特征比对表。
(4) 学习笔迹检验综合评断，做出结论的方法。

二、实验原理

笔迹特征是个人书写习惯特性表现在笔迹中的各种征象。书写习惯通过笔迹特征表现出来，并以具体的形式固定下来，它是人的一种机体活动习惯，不是精密的机械运动。同一人在同一时间反复地写同一个字，也无法再现为完全相同的形象，而是同类现象中带有规律性的、能反映书写人技能习惯的表象。因此，笔迹特征既通过一定的书写形象去体现，又不等于某个具体现象，其具有真实性和特殊性（不是人们笔迹的共同点）的特性。认识笔迹特征是一项十分复杂且细致的工作，只有认真细致地观察、分析和比较，才能准确把握反映书写人书写习惯的笔迹特征。

三、实验内容

对正常笔迹的检材与样本进行检验，通过分别检验、比较检验、综合评断、做出鉴定结论。

四、实验器材

检材 1 份、样本 1 份、笔迹特征比对表数张、HB 铅笔、红蓝笔、放大镜、橡皮、直尺。

五、实验步骤与方式

个人独立完成，分组交流讨论。

（一）分别对检材和样本中的笔迹特征进行观察分析

1. 分析笔迹的概貌特征
2. 分析文字布局特征
3. 分析字的写法特征
4. 分析错别字特征
5. 分析笔顺特征
6. 分析单字搭配比例特征
7. 分析运笔特征
8. 分析笔痕特征
9. 分析笔迹的其他特征

（二）用特征标示符号标示笔迹特征

对笔迹特征进行选取，按各类笔迹特征的不同标示方法，用特征标示符号进行标示。

1. 选择检材和样本特征

其主要任务是研究检材和样本笔迹是否正常，能否真实反映书写人的书写习惯。若是伪装变化笔迹，则要确定伪装变化的手段及程度大小，在此基础上才能准确地选择稳定、本质的特征。

经对检材和样本的分析，初步确定了笔迹特征的形成因素，开始选择笔迹特征。选择笔迹特征一般是由概貌到局部；由单一的、具体的某个现象到与其他同类现象相联系，进而发现稳定的笔迹特征；由文字到文字以外的阿拉伯数字、字母及标点符号等。

2. 制作特征比对表

一般来说，特征比对表的左侧为"检材字迹"，右侧为"嫌疑人的样本字迹"。用铅笔将从检材上发现的特征字迹描绘到比对表的左侧，从样本中选择与检材特征相同的字或相同偏旁部首的字，描绘在比对表的相应位置上进行比较。

（三）比较笔迹特征

在分别检验的基础上，将检材与样本中的笔迹特征进行相互对照比较，客观全面地找出二者的符合点及差异点。同时，用规范的特征标示符号在比对表上标示。对于相符合的特征，检材和样本都用红色笔标示；对于差异点，检材上用红色笔标示，样本上用蓝色笔标示。比较检验一般先进行概貌比较，然后对特征字进行比较。

（四）对笔迹特征的符合点和差异点的性质进行评断

将检材与样本的符合特征及差异特征加以综合，进行评断，最终做出鉴定结论。一般先分析符合点的价值，然后分析差异点的性质，通过符合点与差异点的对比分析，确定符合点与差异点哪一方是本质的、起主导作用的方面，做出鉴定结论。

（1）评断符合点：如果相符合的特征反映在特殊、细节上，则是特殊本质的符合；如果相符合特征是由社会规范、规则要求形成，或是在一定范围内常见则是共同本质的符合；如果由于偶然原因形成，或是在相同书写工具条件或相同伪装变化手法的共性特征，或是模仿形成则是非本质的符合。

（2）评断差异点：差异点的性质有两种，一是两个人书写习惯本质不同形成的差异；二是书写人书写过程中由于受到主客观因素的影响而形成的非本质的差异。

（3）对符合点与差异点进行质量、数量对比，做出鉴定结论。

如果符合点的总和是特殊性的符合，差异点的总和是非本质的，则认定同一；如果符合点的符合是共同性的符合，差异点的总和是非本质的，则否定同一。

六、注意事项

（1）特征选择要全面、细致，要反复多次比较，发现稳定、独特的征候。

（2）比较检验时既要比较相同点，也要比较差异点，要全面、细致，防止机械对比或以偏概全。

（3）比较时注意特征的补充和淘汰。若在样本中发现价值较高的特征字迹时，要将其描绘到比对表上，然后再从检材中寻找。循环往复多次，把握笔迹特征。

（4）注意在"质"和"量"把握笔迹特征。

七、实验作业

每人制作一份笔迹鉴定书。

实验项目二 模仿笔迹检验

一、实验目的与要求

（1）了解模仿笔迹的手段，掌握不同模仿手段形成的笔迹的特点。
（2）根据模仿笔迹的特点，学习模仿笔迹的识别方法。
（3）掌握模仿笔迹特征变化的特点和规律，学习模仿笔迹的检验方法。

二、实验原理

模仿笔迹是书写人为了达到某一目的而仿照他人的笔迹书写形成的笔迹。模仿笔迹与被模仿笔迹在一定程度上有一些相似的特征，但由于书写人注意力、认识能力和控制能力的局限性及受占有被模仿材料的限制，模仿笔迹必然与被模仿笔迹相区别，并不同程度地反映模仿人自身的书写习惯，成为我们识别、检验模仿笔迹的客观依据。

三、实验内容

（1）对不同类形的模仿笔迹进行识别，掌握不同类形模仿笔迹的特点。
（2）对一例模仿笔迹案例进行检验，分析模仿方法，与样本进行比对，做出鉴定结论。
（3）书写模仿笔迹检验鉴定书。

四、实验器材

（1）不同种类的摹仿笔迹数份。
（2）模仿笔迹检材 1 份、被模仿人笔迹材料 1 份、嫌疑人样本 1 份、放大镜

（或显微镜）、红蓝笔、铅笔、特征比对表、橡皮、小刀、鉴定书用纸等。

五、实验步骤与方式

个人独立完成，分组交流讨论。

（一）不同种类模仿笔迹的识别

检验笔迹材料，根据模仿字迹的特点，对笔迹材料进行分析判断，确定所检验的笔迹材料是否存在模仿，分析模仿方法。

模仿笔迹从模仿手法上分为临摹笔迹、套摹笔迹和凭记忆模仿笔迹三种类型。

（1）临摹笔迹的特点。临摹笔迹指书写人边看被模仿人的笔迹边进行仿写而形成的文字。书写人为了模仿得逼真，必须控制自己的书写习惯，边观察边仿写，故描描停停。临摹笔迹的主要特点为：

①形快实慢。正常书写的字迹，无论快写或慢写，其运笔均流畅自然，笔画形态及动作的连贯性与书写速度相一致。而在临摹笔迹中，由于边看边描，必然使书写速度降低，出现形快实慢的现象。

②中途停顿。正常书写时，由于人的书写活动达到了运用自如的程度，因此在行笔过程中一般不会出现不自然的停顿。临摹笔迹则会在较长的笔画或笔画连接处出现停笔待摹的现象。在显微镜下可观察到停顿部位有墨水洇散、笔画重叠等现象。

③弯曲抖动。正常笔迹中，除因年老体弱、久病体虚、心情不佳等原因而出现较均匀的笔画抖动外，一般都运笔流畅、连贯，没有弯曲抖动现象出现。临摹笔迹则运笔呆板、生涩，出现不规则的弯曲抖动现象。

④修饰重描。正常书写时，除因笔误会出现修改外，一般很少出现修饰重描现象。但在临摹笔迹中，模仿人为了模仿得更加逼真且不暴露自己的书写习惯，通常会采用修饰重描加以弥补。

（2）套摹笔迹的特点。套模笔迹是指书写人在被模仿自己上通过透光、压痕、复写等方式，按照其笔画逐笔描写成文字。套摹笔迹的主要特点为：

①具有临摹笔迹的基本特点。套摹笔迹中出现形快实慢、中途停顿、弯曲抖动及修饰重描等现象的明显与否，取决于套摹人事先是否经过练习及模仿所用纸张的透光性。

②布局失调、形体不一。正常书写一般是一气呵成，其字行连贯、子行间距均匀，字的大小形体均匀。而套模笔迹是将不同材料上的字、词东拼西凑组合而

成，其字行间距疏密不均、布局失调，字的大小不均、形体多样。

③文理不通。受被模仿笔迹的限制，有些字、词在被模仿材料中找不到，模仿人勉强进行拼凑，造成用词不当、句子残缺、上下文脱节、表意模糊、文理不通等现象。

④丢笔少画。当被模仿的字迹不够清晰时，模仿人难以辨别被模仿笔迹的完整性，故会出现多笔少画现象。

⑤原样重复。正常书写时，同一个字重复出现不会一模一样。如果被模仿笔迹数量有限，而检材中字数较多，往往重复套摹的字或词在重复出现时几乎一模一样。

（3）忆摹笔迹特点。忆摹笔迹是指模仿人凭平时对被模仿人笔迹的记忆，在没有被模仿笔迹作参照时，仿写的笔迹。一般用于对签名、收据等少量笔迹进行模仿。忆摹笔迹一般运笔流利，仅就检材本身不易判断其是否为模仿笔迹。忆摹笔迹只能在某些文字的特殊写法、运笔、字形等方面与被模仿笔迹大体相似，而在细节特征上却相距甚远，保留了较多的模仿人自身的书写习惯。

（二）模仿笔迹检验

模仿笔迹的检验，一般需具备三方面的材料：物证材料（检材）、被模仿人的笔迹材料、嫌疑人的笔迹材料（样本）。

1. 准确判断检材是否为模仿笔迹

分析检材的形成原因是否准确，直接影响鉴定人对特征的选择，决定着鉴定结论的正误。因此，必须认真分析检材，仔细进行比对检验，再结合案情具体地进行综合研究，从而来确定检材笔迹是否有模仿事实。

2. 在比较中发现模仿

模仿笔迹不仅包含了模仿人的笔迹特征和被模仿人的笔迹特征，而且还有模仿走样的特征。比对时要同时研究模仿人笔迹样本和被模仿人笔迹样本，抓住检材与样本间的本质区别与联系，剔除假象，为综合评断提供足够的依据。比较中注意分析以下几方面的特征。

（1）"形同实异，貌合神离"。这是摹仿笔迹模仿人与被模仿人笔迹的显著区别，模仿的笔迹在一些明显的特征上与被模仿人相似，但在运笔中笔力轻重疾缓上、特殊的搭配上、不连笔的笔顺上与被模仿人相区别。

（2）"一模一样"。套描字迹中，检材字迹与样本上的字迹可能出现外形、笔画长短一模一样，相互重叠。

（3）其他痕迹。注意发现被模仿者笔迹样本材料上的其他痕迹，如抑压痕迹、复写痕迹、墨水洇散痕迹等，判断是否存在套描。

3. 选取笔迹特征

模仿笔迹检验中特征的选取,要尽可能选取不易被模仿的特征。

(1) 模仿笔迹中易被模仿的特征:字的写法、外形;特殊的搭配比例;字形特征;明显的连笔动作特征;连笔反映出的笔顺;明显的收笔动作特征;特殊的错别字特征。

(2) 不易被摹仿的特征:起收笔的动作、位置;笔画转折的方向、角度;不连笔的笔顺;笔画内部的特殊搭配关系;笔力特征。

(3) 笔迹特征选取,要重视寻找、利用细小的笔画特征。从单一笔画中进行分析观察。

4. 慎重地进行综合评断

对模仿笔迹检验的同一认定,往往是差异点多于符合点,差异点虽多,但却是非本质性差异;符合点虽少,缺失书写习惯的本质反映。必须认真反复地研究笔迹的每一个细节特征,结合案件的实际情况,充分把握住认定作案人的依据,才能做出正确的鉴定结论。

(三) 制作笔迹鉴定书

摹仿笔迹鉴定书的制作与正常笔迹鉴定书相同,但在对检材中摹仿方式方法上要进行详细论述。

六、注意事项

1. 准确判断模仿是笔迹检验的关键。判断是否存在模仿除从检材本身发现模仿外,还必须结合案情分析发现模仿。

2. 模仿笔迹检验要抓住不易模仿或未引起模仿人注意的细节特征、书面语言特征及文字布局特征进行比较。

3. 在没有模仿的字或模仿不到的字迹中进行比较。

4. 抓住模仿不像的字迹进行比较。

七、实验作业

每人制作一份模仿笔迹鉴定书。

实验项目三 同版印刷品检验

一、实验目的与要求

（1）了解同一台机器、同一块印版印制产品的特点。
（2）学习同版印刷品的检验依据。
（3）掌握同版纸鉴别的一般方法。

二、实验原理

在印刷品生产过程中，往往会同时排制或连续晒制若干块同种内容的版面同时进行印制。在某一特定印版上生产的产品就叫同版印刷品。同一块版面印制的产品，具有相同的特征。其分布具有相对集中性及一定的规律性，因此，其对划定侦查范围及印刷品的进一步检验具有重要的意义。

三、实验内容

（1）观察同一块印版印制产品与不同印版印制产品的特点。
（2）对物证纸与样本纸进行比较，检验鉴别是否为同一块印版印制产品。

四、实验器材

相同种类印刷品若干、红蓝笔、直尺、透明格线板、放大镜。

五、实验步骤与方式

教师演示指导，个人独立完成。

（一）首先研究物证纸印品上的印版特征

（1）线条颜色、版面尺寸格式、文字线条种类；
（2）收集同物证纸的内容、格式、式样相近似的纸印品进一步鉴别是否是同版纸。

（二）比对物证纸与样品纸的印版特征的异同点

印版特征指印版结构及其在印刷过程中的变化而形成的特征。比较时依次比较下述各点：

（1）印版的类形。观察纸印品是用何种版形印制的。信笺纸、稿纸、笔记本类大多是用铅活版、铅整版印制的，属凸版印刷；书刊、报纸大多用平版印制；重要票证、部分精美邮票、商标有用凹版印制的。检验时注意区分印版类形。

（2）印版的格式、内容与版面尺寸是否相同。印版的格式、内容与版面尺寸是根据纸印品的用途和用户的基本要求决定的。主要有：版面尺寸；格线数量；名头内容和位置；装订线、页次的安排形式；承印单位名称；印刷日期与批号的内容与安排位置；图案种类。

（3）图案、文字、线条的具体形态是否相同。全面、细致观察比较图案、文字、线条的具体形态，包括粗细、长短、形状。注意压印力大、着墨多少、印版磨损与脏版引起的变化。

（4）文字、线条之间的相对位置是否相同。主要是观察比较文字或线条间的距离大小和相对位置关系，以及不同形态的线条排列次序。但要注意，印版在修版后，可移动的图纹间距与位置关系可能会发生部分变化，但排列次序不变。比对相对位置关系时，要在同色文字图纹间比较，两色以上的印品，其文字图纹的位置关系，可能会由于套印过程中发生变化。

（5）差错、变形与缺损。观察印版结构上是否有反常迹象，如铅字或线条倒置，图纹线条变形、缺损，图纹上出现白点，空白部位出现版边或版底印痕等。这是鉴别同版纸印品的重要特征。

（6）着墨特征。观察墨迹的色调、轻重、均匀程度、脏版疵点、墨点移位情况，如果相同，是确定同版纸的依据之一，而不同则不能作为否定同版纸的依据。

（7）图像网点的密度形态是否相同。

（8）打纸特征、装订特征、裁切特征是否相同。

（三）推算同版纸的印刷次序与间距

同版印刷品印页之间存在先后印制关系，印刷品在同一版块印制中，由于先后不同，会产生细微差别。通过分析印刷加工过程的变化可以推定页次关系。检验方法：

1. 比较墨色浓淡

印机上墨后，随着印刷进程，印品油墨由浓变淡，加墨后又出现由浓变淡的周期性变化过程。墨色浓淡与压力大小有关,压印辊筒由紧变松、压力由大变小,也会出现周期性变化。

2. 比较脏版情况

印刷过程中,受到其他杂质(灰尘、纸屑等)污染,印刷品版面就会出现一些脏版疵点,随着印版的清洗,该疵点消失,但再印制时新的脏版疵点出现。脏版疵点的出现,有一定的规律性,检验时,将物证纸与样本纸的脏版疵点记录下来,做具体的计算,进行推断页次关系。

3. 比较印版的磨损程度

用凸版印制的产品,其印刷铅字及铅铸的花边、点线,在印刷过程中易受磨损而发生变化。如出现笔画或点线的宽度、直径增大,间距变小;铅字上的裂缝、空泡的形态大小的变化;铅字、花纹的细微结构由清晰变得模糊、残缺等。检验时一般可采取直观对比的方法,将清晰程度近似于物证的印样选出进行比较,然后推断该印刷品是在印样之前或之后印制,有条件地对页次关系进行判断。

4. 利用墨点移位进行判断

墨点即黏附于印版上的各种异物,黏附于印版上的各种异物,以脏版墨点的形式反映到印品上,随着印刷过程,其在印品上的位置会出现变化,通过计算,可推算物证纸与样品纸的页次关系。

5. 利用"刀花"进行推算

切纸刀在使用过程中,遇到坚硬物体,刀刃出现卷刃或豁口,切纸时在纸张断缘上留下凸起或凹入的形态不一的划痕,即"刀花"。

切刀在切纸过程中有一定规律性,因此刀花的间距、形态、大小的变化也具有一定的规律,根据刀花的规律性位移,可测算物证纸是其中的第几本、第几页。

(四)评断比较中的异同点确定同版纸

如果在印版格式、内容、印版类形等规格特征相同的基础上,只要线条、图案的细节特征如线条粗细、长短、线端的形态、弯曲方向、线条间的拼合位置关系等相符合,就可认定为同版纸。

六、注意事项

(1)鉴定人员必须熟悉印刷品生产情况,了解被检验的印刷品生产、加工过程,根据印刷品的客观规律,正确进行识别。

（2）同版印刷品检验，样本收集极为重要。样本收集的如何，直接影响检验工作的效果和成败。

（3）同版纸的鉴别以文字、图案的细节特征为依据，即只要线条粗细、长短、线端形态、弯曲方向、线条拼合位置关系相合，即可认定为同版纸。着墨特征、打纸特征、装订特征、裁切特征、版面的缺损不能作为否定同版纸的主要依据。

（4）在分析版面尺寸时，注意外界因素影响对物证纸印品的影响。如物证纸受水浸、药液处理纸张会缩小。

七、实验作业

每人写一份实验报告。

实验项目四　证件、票据检验

一、实验目的与要求

（1）了解各类证件（护照、身份证、工作证、户口簿、驾驶证）及各类票据（纸币、有价证券、发票等）的印刷方法。

（2）学习掌握识别各类证件、票据真伪的一般方法。

二、实验原理

各类证件、票据的印制都采用一定的方法，特别是一些重要的证件、票据，其印制方法相当严格。伪造者受其伪造条件的制约，其伪造的证件、票据必然在印刷版形、版面图纹或其他细节特征上出现与真实证件、票据不同的特点。

三、实验内容

（1）分析各类证件、票据的印刷版形特点。

（2）分析各类证件、票据的内容构成、版面尺寸、图纹等规格特征及细节特征。

（3）对可疑证件进行检验并与相应的样本进行比对，鉴别真伪。

四、实验器材

体视显微镜、各类证件、票据文件、纸币、红外灯或紫外灯、多功能红外鉴别仪。

五、实验步骤与方式

教师演示指导，个人独立完成，小组交流讨论。

（一）观察各种版形印刷文件的特点

在显微镜下观察凸版印件、平版印件、凹版印件、孔版油印文件的印件特点并做相关记录。

1. 凸版印件

印迹较实，图文线条中间色淡，边缘色浓，有挤墨现象；纸面起凸现象为正面凹入，背面凸起；脏版疵点常分布在图文边缘。

凸版印刷多用于印制一般书刊、书写纸印品。

2. 平版印件

印迹平淡不实，边缘整齐但发虚；纸面无印版压痕；在图文空白处常见脏版疵点。

平版印刷多用于印制书刊、报纸、日记本封面等。

3. 凹版印件

印迹黑层厚实，有立体感，突起于纸面；线条边缘不齐，有毛刺状墨迹；粗大线条的纸张背面有凹入压痕。

凹版印刷多用于印制重要票证、精美邮票、商标、画报等。

4. 孔版印件

印迹特征为不规则的点、片状墨迹构成；边缘不齐，墨层较厚；脏版疵点多。

（二）检验可疑文件的印版特征

与样本文件（真票证）进行比较，检验可疑文件的印版特征。比对印刷版形、版面尺寸、版面图纹及纸张油墨等物质材料特征。

1. 比对印刷版形

分析可疑票证印制方法，与真票证进行比对，判定版形是否一致。要准确了解真证件、票据的印刷情况，若可疑证件、票据在印制方法明显不同，就可确定是伪造的。

2. 比对版面尺寸

版面尺寸是指票面印刷图文的长度和宽度。分别测量可疑票证与真票证的版面尺寸，并进行比较。

3. 比对图文组成

各种货币、票证的印刷图文的组成各有不同。一般有文字、图案、底纹、花边、格线、印文、号码、使用期限等。比较时应逐项对照可疑票证是否具备真票证的各部分内容。

4. 比对点线结构及图文的细节形态

逐区比较各部分图案花纹的结构细节，注意细小点、线的数量、长短比例、相对位置关系及交接状况；比较文字线条的长短、粗细及棱角、线端的具体形态。

（三）检验可疑文件的印刷材料特征

与样本文件（真票证）进行比较，检验可疑文件的印刷材料特征。印刷材料特征主要指纸张、油墨特征。印制重要证件、票据往往对印刷材料也进行了专门的选用配制，伪造者很难得到，只能用外观相近的材料替代。因此，从印刷材料上进行识别真伪是极为必要的。

1. 纸张检验

（1）纸张的物理检验：与样品纸进行比对，分析两者厚度、定量、紧度平滑度、透光度、工业荧光现象、纸张的两面时否相同。

（2）纸张的纹印检验：主要有网痕形态；毯痕的形状、宽度、密度及纹理特征；辊痕的形态；纸张的水印。

水印是鉴别特殊纸张种类的重要依据。它在抄纸过程中，由带特殊图案或花纹的水印辊压制而成。水印无色，隐匿在纸页上，有的是防伪特殊标记，有的起改善纸质的作用。

（3）纸张的纤维检验。主要采取染色法和纤维形态鉴别法，确定纸浆和纤维的种属与配比。

2. 油墨检验

（1）油墨的外观检验。在自然光、紫外光或体视显微镜下观察油墨的颜色、光泽、牢固性、渗化现象及印迹情况。

（2）化学检验。油墨印迹与某些酸碱、有机溶剂可以发生溶解变色现象，以此来鉴别油墨的异同。

(3) 薄层色谱法、仪器分析法。

(四) 综合判断

综合评断，识别真伪。

六、注意事项

(1) 在比对图文相互关系时，要在同一色调的图文中进行比较。不能比不同颜色的图案、文字、线条间的关系，不同色调的图文在印中一般是套印的，其相对位置可能会出现变化。

(2) 比对中要注意票证在使用过程中因素影响而形成的变化。如新旧不同的变化或水浸缩小的变化。

(3) 注意分析不同的特征是否由于印刷过程中的漏版与其他生产问题而形成，要防止机械比对。

七、实验作业

每人写一份实验报告。

实验项目五　印章印文检验

一、实验目的与要求

(1) 了解印文形成特点及变化规律。
(2) 学习掌握印章印文检验的基本方法。

二、实验原理

印文是印面结构特点在纸面上的反映。不同印章形成的印文其特征不同。印文在其形成过程中及形成后会发生一定的变化，但这种变化是有规律可循的。判断可疑印章印文的真伪，除个别明显伪造特点的外，一般通过与真印文进行比较，发现两者特征异同，从而做出认定或否定的结论。

三、实验内容

(1) 通过盖印了解印文特征变化规律。
(2) 对可疑印章印文进行检验,掌握印章印文检验的基本方法。
(3) 运用比对显微镜对印章印文进行比对检验。

四、实验器材

体视显微镜或放大镜、比对显微镜、印章印文数枚、印泥或印油、各种纸张、衬垫物、笔(铅笔或红色、蓝色笔)、直尺、游标卡尺。

五、实验步骤与方式

教师演示指导,个人独立完成,小组交换讨论。

(一) 分析可疑印文

印章印文检验中,首先对可疑印文进行细致的观察分析,了解可疑印文的形成条件,发现是否存在伪造迹象。具体方法:

1. 放大镜观察

借助放大镜或显微镜观察可疑印文的形成方式,是否盖印形成,有书写工具或复写纸复写及转印的中间物质或其他印刷方法形成的文字线条特征。

2. 特征分析

观察印章名称、印文内容与所载文件是否相适应;印文文字图案有否反常迹象;印文的大小、文字图案的分布是否符合规格要求;印文的文字、线条是否有伪造变造的涂改迹象。

(二) 分析样本印文

分析样本印文与可疑印文的形成条件是否相同,是否具备检验条件。

(三) 对可疑印文与样本印文进行比较检验

1. 比较步骤

一般先比较规格特征,如果规格特征明显不符,即可做否定的结论。如果规格特征相符,要进一步比较印文的细节特征。

(1) 印文的规格特征。

印文的规格特征即印文结构方面的特点，是指在设计和制作印章的过程中，按照一定的规格要求制作而形成的特征。主要包括：印文的形状；印文尺寸大小；印文字体；印文文字内容；印文文字排列；印文星徽图案；印文的边框类形。

我国现行的公章在规格上有统一的要求。专用章和个人私章，没有具体的要求，其印文结构特征各不相同。

(2) 印文的细节特征。

指在制作印章的过程中，由于制作印章的方法和技巧不同，印章材质不同，在保管和使用过程中发生变化的因素不同而形成的细微特征。主要包括：字与字、字与线条、字与图案的布局关系；笔画间、线条间的搭配比例关系；笔画、线条的具体形态；徽、星徽的结构形态；印面结构的疵点、缺损；印文上的附加印迹。

2. 印章印文检验具体方法

(1) 特征标示法。

主要用来比较印文细节特征。在比较过程中，借助于放大镜、显微镜或比对投影仪，观察比较印文上的每个文字线条的长短、粗细、倾斜、转折角度、线端形态、缺损断线及笔画线条间的高低远近关系是否相同。在比对中用双箭头将所发现的特征逐一标绘在印文比对照片上。

如果由于印章有异物附着或局部印泥（油）堆积，在相比较印文的同部位出现相同形态的特殊印迹或模糊现象，它虽然不是印面结构特征，但这种符合点对认定两枚印文是同一印章盖印，却具有重要的意义。但相比较印文中特殊印迹或模糊现象出现不同，不能作为否定同一的根据，它可能是由于同一印章盖印前后因异物附着情况变化或印泥堆积多少不同所致。

细节特征对照法是印章印文检验最常用的方法。

(2) 测量比较法。

是用读数显微镜或精密刻度尺直接测量相比较的印文的直径、对角线的长度、边框线的宽度、图案的大小、文字笔画间的相互距离。

测量要尽量精确，必要时可用分规量取两个测量点的间距，再用游标卡尺读数。圆形印文的测量点，应是通过圆心的纵径或横径与边框中心的交点。方形的印文边长或对角线测量点，应是两个邻边的交点。测量点也可选在边框线的外缘或内缘，但边缘必须清晰。如果相比较的印文，盖印时力的大小不同，蘸附印泥多少不同，用内缘或外缘测量，易发生误差。在印文边缘不清晰时，也难以确定测量点。如果印文边框残缺或无边框，可在相距最远、印迹清晰的两个文字线条上选点进行测量。由于圆形印文往往不是正圆形，方形印文也不恰好是正方形，因此必须在两个相比较的印文的相同部位进行测量比较。

测量比较法的准确性与测量者个人的水平、选取测量基点相关。

（3）画线比对法。

将可疑印文与样本印文制作成同倍大的照片，分别在两张照片上选定若干同位点，将通过文字线条较多的两点间连成数条同位线，分别比较两个印文上的各条同位线与印文笔画线条相交的位置是否相同，并标明异同点。

采用画线比对法进行比对，首先要准确选点。一般可选印文笔画线条相交的中心点，或边缘清晰的端点。其次是画线要准确，否则将提供错误的比较结果。

检验时，也可利用有相同格线的两块透明网板，分别置于相比较的两枚印文上，经调整定位，可对比观察各同位格线与印文线条相交的部位是否相同，亦可照相固定。

（4）拼接比对法。

将可疑印文与样本印文分别制作成同倍大照片，选其中通过文字线条较多的部位直线剪断，试与另一张照片印文的文字线条对接，观察印文线条能否完全接合。然后将相接的照片粘贴固定，并标明互相接合或不能接合的笔画线条。

为保证正确拼接，应在相比较的两张照片的印文上，共同选相距较远的两个同位点，分别通过两点连成一线，其中一张沿线剪断，以此断缘与另一张照片的连线重合，左右移动，观察印文线条能否完全接合。

（5）重叠比对法。

如果纸张较薄，可将相比较的印文互相重叠，在透光下观察两个印文是否能完全重合。也可利用可疑印文与样本印文同倍大的照相负片，将其图像重合后投影观察，或放成照片来显示印文的重合状况。

此法只能用于比较印文的一般特征，而不利于比较细节特征。

（6）仪器检验。

用图像重合投影装置的比较显微镜或专门的比对仪，可清楚地显示两枚印文从整体到局部互相重合的状况来观察其是否吻合。

（四）综合评断检验结果

1. 评断特征差异点的性质

本质差异还是非本质差异。例如，因盖印条件不同（按压力、衬垫物、印染物质不同）或印章的印面结构发生变化（印章的胀缩、磨损磕碰缺损与修补）等形成的差异，是非本质的差异。

2. 评断特征符合点的性质

如果是规格特征的符合，只能说明可疑印文与样本印文的大体相似，只有细节特征符合,才能说明是同一印章盖印所形成的本质的符合。综合评断中,印文的规格特征与细节特征的符合居于首要地位,而差异居于次要地位,则可做出可疑印文和样本印文是同一印章盖印的结论;反之,则做不是同一图章盖印的结论。

3. 印文变化的原因及规律

(1) 印章本身胀缩引起的变化:印章的胀缩变化与印章的材质相关。由于受到空气温度、湿度的影响和印油的滋润,木质印章启用一年后可增3%~5%,两年后可增大5%~8%。如果不经常使用及气候干燥,又可略为缩小,但不会小于启用时的尺寸。同时,由于木材结构的不均匀性,印面的纵径与横径的胀缩率不同,因此在胀缩的同时双伴随着形态上的变化。

随着印章胀缩的变化,会使印文直径、纵横径发生变化,同时印面的其他结构特征如笔画线条、文字布局等也发生变化。

验证是否为印章自身胀缩变化造成的差异,首先了解真印章的材质。其次在收集样本时尽量收集与可疑印文同时期盖印的真印文样本,或者收集真印文启用后各时期的盖印样本,以分析其是否存在胀缩变化。

(2) 盖印时机械力的大小、衬垫物软硬不同而引起的变化:盖印时压力大,印文线条较粗,字间间距缩小,原有的笔画或线条间断现象有时会缩小或弥合;盖印时压力小,笔画、线条较细且浅淡,有的笔画不完整,印文易残缺不全,线条边缘及线端形态反映不实。另外,盖印时压力的均衡程度,也会造成印文的差别。压力大的一边比压力小的一边线条完整、粗重。

盖印时若印章在纸面上出现滑动或扭动,会使印文线条发生变粗、双影、边框变宽等现象。

盖印时衬垫物平软,印文清晰、完整;衬垫物硬或不平,印文反映不全。特别是老化、使用时间较长已磨损变形的印章,即使在平而硬的衬垫物上盖印,其印文也会有残缺不全的现象。

弹性较好的印章(如橡胶章、塑料章),更易受到作用力大小和作用力不平衡的影响。材质较硬的印章,受作用力影响较小,受衬垫物影响较大。

由于机械作用力不同会造成印文的变化,因此,在收集印文样本时,要用真印章以不同的作用力,在不同的衬垫物上盖印,并模拟可疑印文的形成条件,制作印文实验样本来验证差异点的性质。

(3) 印章洗刷前后的变化:印章在长期使用中,会使印染物聚积于印面。当印面蘸有大量印染物或其他异物,会使印文笔画线条模糊或出现一些多余的印迹,印文的一些细节特征也会被歪曲、掩盖,如间隙变实、线条变形等。经洗刷后盖印,印文原有的特征又会重新反映出来,因此,印章洗刷前后盖印的印文也会发生变化。

因此，在检验中，若可疑印文结构模糊、样本印文清晰，则应收集一些与可疑印文同时期用真印章盖印的印文样本提供检验。若可疑印文清晰，样本印文模糊，则可将真印章洗刷后再盖印成样本进行检验。

（4）盖印时印染物的质与量的不同而形成的变化：盖印的印染物质主要有：印泥、印油等。伪造印文中有用油墨、墨水等盖印。不同的印染物，会使印文发生变化。

适量的印泥、印油盖印，印文清晰、完整，印染物较多，印文文字线条边缘会形成印染物堆积、浸润，导致印文线条变粗，盲字或细密线条模糊情况。

同一枚印章盖印，印泥盖印的印文比印油盖印的印文略大一些；蘸过油性印染物的印章，再蘸水性印染物盖印，形成印面亲水性差，导致所盖印印文墨迹不匀，或中空边浓，或线条变细残缺，或染料聚积于某一处而呈现片状污染。

检验此类印文，尽量收集与可疑印文相同印染物，由少到多蘸取印染物分别盖印，观察印文的变化，验证差异点的性质。

（5）印章使用过程中发生的变化：印章在使用过程中，由于印面受到磨损，使印文笔画边角变钝、线条变粗，或由于磕碰印章边框缺损而形成一些与启用时不同的特征。比对中，印章印文线条缺损变形相同时，它是认定的重要依据；若不同，要注意是否是启用时就有的特征，若是启用时就有的特征，则可成为认定的依据，反之，则要结合其他特征来分析该特征的价值。

（6）盖印后印文的变化：印文形成后，由于文件的纸张受潮而膨胀，晾干后又收缩以及文件受损（揉搓、撕揭、粘补）等，印文也相应会发生胀缩变化。

（五）做出鉴定结论

鉴定结论要科学、准确。诉讼需要制作鉴定书的，应与笔迹检验鉴定书一样，分别制成文字部分与照片比对部分，供诉讼与审判证据使用。

六、注意事项

（1）比对可疑印文与样本印文特征要客观真实、全面细致，既要比对相同点，也要注意差异点。

（2）细节特征对照法是印章印文检验最基本的方法。印章印文无论如何变化，其细节特征多无明显变化，真伪印章的差别也主要表现于细节特征上，即使是精心仿制，也由于材质、制作等原因在细节上反映出差别，因此，细节特征对照法是印章印文检验必须采用的一种比较方法。

实验三 文书检验技术

(3) 综合评断符合点与差异点性质时,要考虑印文的形成条件及变化规律,必要时制作实验样本进行论证。

七、实验作业

每人完成一份实验报告。

实验项目六 消退文件检验

一、实验目的与要求

通过实验了解消退法变造文件的特点,掌握发现消退变造及显现被消退原文的检验方法。

二、实验原理

消退文件的形成,一是自然退色,二是用化学试剂消退。各种消退剂由于其化学成分不同,与书写温自动色料发生化学反应现象不一样,消退效果也就不一样。通过观察分析检验可以确定消退事实和消退剂的种类。

三、实验内容

(1) 发现消退变造的迹象,判明消退变造的范围。
(2) 了解各种消退剂、书写色料的性质、纸张质量等与消退效果的关系。
(3) 掌握紫外荧光检验和化学试剂显现消退文字的方法。

四、实验器材

(1) 各种纸张(账页纸、信稿纸、报纸等)。
(2) 各种色料(蓝黑墨水、纯蓝墨水等)。
(3) 消退剂:次氯酸钠、氢氧化钠、高锰酸钾和柠檬酸、褪色灵。
(4) 显现剂:5%亚铁氰化钾溶液、10%鞣酸酒精溶液、5%羟基喹啉酒精溶液、硫氰酸钾溶液、盐酸。

(5) 长短波紫外线灯、2206 蓝光灯。

(6) 脱脂棉、镊子、滤纸。

(7) 放大镜。

(8) 显微镜。

五、实验步骤与方式

两人一组，互相配合，教师指导，实验室完成。

(1) 制备消退文件：用蓝黑墨水、纯蓝墨水两种色料分别在账页纸、信稿纸和报纸上各写 5 行字；然后用上述消退剂将文字消退。同时将书写时间较久的文件用上述消退剂分别将文字消退，观察对照消退效果，晾干后备检。

(2) 分别用肉眼和放大镜观察消退迹象。

(3) 用紫外线灯和 2206 蓝光灯观察检验消退文字。

(4) 用上述四种显现剂分别显现被消退文字。

六、注意事项

用试剂法显现消退字迹时，一定要本着"少量多次"的原则，并且涂擦时用力一定要轻。如果涂擦时用力太大或蘸取的试剂太多，都会严重影响显现效果，甚至根本显现不出来。

七、实验报告

(1) 列表统计各种消退剂消退文字的效果如何。

(2) 列表统计荧光检验被消退文字的效果如何。

(3) 列表统计各种显现剂显现被消退文字的效果。

(4) 讨论不同纸张、色料、书写时间、消退剂、显现剂与显现效果之间的相互关系及适用范围。

(5) 总结最佳操作技巧。

实验项目七　掩盖文字检验

一、实验目的与要求

了解并掌握化学消退和溶剂溶解显现被掩盖文字的方法及适用范围。

二、实验原理

利用溶解、氧化、还原法，选用与文字掩盖层极性相近的溶液、强催化剂、还原剂，来消除掩盖层，显现被掩盖的文字。

三、实验内容

（1）了解各种色料相互掩盖情况，包括墨汁、碳素墨水、软笔墨水、蓝黑墨水、纯蓝墨水、铅笔、圆珠笔、中性笔。
（2）掌握用不同化学试剂显现不同物质掩盖文字的操作方法。
（3）了解不同质地的纸张对掩盖和显现效果的影响。

四、实验材料

（1）各种墨水：墨汁、蓝黑墨水、纯蓝墨水各一瓶。
（2）各种笔；钢笔2支、圆珠笔1支、铅笔1支、中性笔1支、毛笔3支。
（3）各种试剂：丙酮、三氯甲烷、10%氢氧化钠、饱和氯化铵、5%次氯酸钠、5%草酸、5%柠檬酸。
（4）镊子。
（5）棉球。
（6）各种纸：信稿纸、账簿纸、笔记本纸。

五、实验步骤与方式

每两人一组，相互配合，教师指导，实验室完成。
（1）用碳素、软笔、蓝黑、纯蓝、圆珠笔、铅笔和中性笔分别在每页纸张上书写正常文字 12 行。

(2) 将 12 行文字分成 6 组,分别用碳素、墨汁、软笔、纯蓝、圆珠笔、铅笔、中性笔进行掩盖。

(3) 将每组分为 7 部分,分别用上述化学试剂进行显现。

六、注意事项

进行显现时,每组要留出部分被掩盖的字迹作比较。

七、实验报告

(1) 实验结果列表统计,并附上原始材料。
(2) 根据实验现象讨论显现原理。
(3) 讨论该方法的适用范围。

实验项目八 污损文件的提取与保存

一、实验目的与要求

通过实验了解破碎文件的特点,掌握破碎文件的提取与整复方法;通过实验了解文件被浸泡粘连后的特点,掌握正确的分离、提取浸湿文件方法。

二、实验原理

(1) 文件被断离之后,其被断离的各部分,在断缘痕迹、纸张结构、文件图文与内容、制订痕迹之间均能体现出文件的整体同一的关系。

(2) 文件被水浸泡或其他液体浸润后,纸张内原有的施胶层遭到破坏,易产生粘连,干燥之后难以分离。但由于纸张纤维之间仍存在一定的机械作用力,纸张仍有一定的韧性,故在其湿润状态下,可进行分离和提取。

三、实验内容

(1) 破碎文件提取与保存。

（2）浸湿文件的提取与保存。

四、实验器材

（1）小刀、剪刀、镊子、纱布手套、玻璃杯、塑料板、胶纸、透明塑料袋若干；有书写文字（或印刷文字）的纸张若干。
（2）水盆、平滑的竹片或小铲、塑料板或玻璃板；稀释的聚乙烯醇溶液；毛笔、纸张若干。

五、实验步骤与方式

（一）破碎文件

1. 制备破碎文件

用下述方法制作破碎文件：

将文件撕成若干碎片；用小刀将文件裁成若干的碎片；用剪刀将文件剪成若干的碎片。

制备时记录并观察上述破碎文件的特点，然后将上述破碎文件混合在一起。

2. 提取并分类

（1）镊子或戴上纱布手套，仔细地将破碎文件进行提取，也可用布摩擦塑料板进行吸附提取，然后放入塑料袋中。

（2）将提取的文件倒在实验桌上，然后根据纸张的种类、颜色、文字线条和内容、撕裁或剪刀断缘的特点将文件仔细地进行分类，分别装入塑料袋中。

3. 整复与固定

（1）戴上纱布手套，将某一塑料袋中的破碎文件放在实验桌上，先将带有机器切边的文件的四角与页边的纸片挑出。

（2）先摆放好四角碎片，然后再找出与四角顺序相连接的页边碎片，拼成文件的外部轮廓，再参照纸片断缘形态以及文字线条内容的连续性，逐块拼复空缺部分。

（3）将拼复好的文件逐块转移到比纸张大的玻璃板上，按原样仔细拼合，拼成一个整体后，再用同样大小的玻璃板覆盖，四周用胶纸粘贴封好即可。

（二）浸湿文件

1. 浸湿文件的制备

实验前 24 小时，将文件浸泡后阴干，制成干燥的粘连文件。

2. 提取与固定

将文件置于水盆中，再用平滑的竹片（或小铲）小心地剥离展开，然后按上述方法提取固定。

六、注意事项

（一）破碎文件

（1）若文件碎片很小，可选择有明显特征的或相对较大的碎片先进行拼合，先拼成几个大块，然后再组合。

（2）若文件有可能是折叠后撕裁的，则经常有对称性的碎片出现，找到一块时可先找对称性的另一块。

（3）碎片转移到玻璃板上时，呼吸要轻柔，以免气流过大将拼复好的碎片吹走。

（4）对拼复好的破碎文件，不要裱糊在衬垫纸张上。

（5）在实际案件中，拼复之后需提取显现文件上指纹的，可在显现指纹前先将文件进行拍照固定。

（二）浸湿文件

（1）浸湿后又干燥的粘连文件，应待文件在水中完全浸透之后再进行展开、提取。

（2）在实际案件中，对于被粪便、血液、精液、泥浆等污物浸染的文件，应该先用洁净的器皿提取一部分污物，以供化学检验，然后用棉签蘸上清水清洗余下污染物。操作时动作要轻，并注意勿扩大污染范围以损坏文件，再按浸湿文件进行提取保持。

七、实验作业

完成破碎文件及浸湿文件的提取与保存实验，写出实验报告。

八、研究与思考

（1）为什么拼复好的破碎文件不能裱糊在纸张上？

（2）实际案件中，需提取显现破碎文件上的指纹应如何处理？

（3）干燥粘连的文件整复时应该注意哪些问题？

实验四　其他物证技术

实验项目一　纺织纤维检验

一、实验目的与要求

（1）了解天然纤维具有的荧光性质。
（2）掌握生物显微镜检验纤维种类的方法。
（3）通过常见纤维的溶解试验，进一步了解纺织纤维的溶解性能，掌握用溶解法区分纺织纤维技术。
（4）学习用微形物态加热器检验纺织纤维在受热和燃烧时的状态，掌握用加热燃烧法区分纺织纤维的技术。

二、实验原理

（1）应用生物显微镜，观察纤维的纵向和横向形态特征，能鉴别动植物纤维的种属。天然纤维由于其生长过程和种属的特异性，形成了各自独特的外观形态，据此可以区别棉、麻、丝、毛，结合其横截面还可以进一步区分黄麻、大麻、苎麻等。

（2）纤维吸收酸碱、化学品、溶剂后出现溶胀和溶解。溶胀是指纤维吸收了液体后而使其体积增大的现象。溶解是指液体进入纤维后，克服了纤维分子的结合力，使纤维分子间隙扩大而分离的现象。由于纤维在不同的溶剂中的溶解性有差别，可以用于纤维品种的鉴别。

（3）纺织纤维均为线性高分子有机化合物，存在三种力学状态：玻璃态、高弹态和粘流态。在受热情况下，不同纤维因分子结构特性，将出现收缩、扭曲、淌滴、起泡（分解）、燃烧、闪光、冒烟、流失灰渣、形成熔球以及放出气体产生不同气味。使用微形物态加热器加热单根纤维，利用显微镜放大（放大镜亦可）观察各种纤维接近火源，接触火源和离开火源后受热变化情况和燃烧难易程度以及灰分状态、气味等进行纤维的检验，准确可靠。

三、实验内容

（1）荧光检验。
（2）天然纤维纤维形貌检验。
（3）纤维的溶解实验。
（4）纤维的加热燃烧实验。

四、实验器材

（一）器材

生物显微镜、紫外灯、载玻片、盖玻片、滤纸条、分离针、镊子、纤维切片器或双刀片、剪刀、微形物态加热器、体视显微镜（放大镜）、试管、试管夹、试管架、酒精灯、火柴。

（二）样品

棉、麻、丝、兔毛、羊毛、粘胶、维纶、涤纶、锦纶、丙纶、腈纶、氯纶。

（三）试剂

甘油、70% H_2SO_4、50% HCL、10% NaOH、四氢呋喃、苯酚、二甲基甲酰胺。

五、实验步骤与方式

两人一组，互相协同配合，共同完成实验项目，各自写出实验报告。

（一）荧光检验

将纤维样品单根或数根放在定性滤纸上，编上号，放在紫外灯下观察有无荧光现象发生，记录之。

（二）纤维形貌检验

将数根纤维分别放在载玻片上，滴上一滴甘油溶液，盖上盖玻片，用滤纸条擦净盖玻片周围甘油溶液，即制得纤维纵面标本片。用纤维切片器或双刀片把一束纤维按横断面切取，然后用不锈钢镊子将切片轻轻地夹到载玻片上，断面朝上，滴加一滴甘油，盖上盖玻片，即制得纤维横截面标本片。将两种标本片分别放在显微镜载物台上，放大 100 倍或 160 倍下观察纤维表面形貌，并编号，将形貌图画在记录本上，写出各种纤维的形貌特点。

（1）棉纤维纵向呈扁平带状，有天然的扭曲，横截面呈肾形，有中腔。

（2）麻纤维有不同程度的纵向裂纹和横节纹；黄麻无明显的横节；大麻有明显的横节和竖纹；苎麻的横截面细密。此外，不同种麻的横截面形态也有差异。

（3）丝表面光滑，呈扁平状，有明亮光泽和透明感，有时可见一些凸起处，这是由于蚕吐丝过程中间歇性动作形成的，横截面呈钝圆角三角形。

（4）兔毛髓腔为排列整齐的窗格形小方块。

（5）羊毛表面为鳞片所覆盖，横截面为圆形。

（三）纤维的溶解实验

将数根纤维分别加入盛有 1 毫升 70% H_2SO_4、50% HCL、10% NaOH、四氢呋喃、苯酚、二甲基甲酰胺的试管中浸泡，并在酒精灯上加热，观察各种纤维的溶解状况，列表写在记录本上。比较各种纤维的溶解性能，找出差异，并写出溶解过程中所发现的现象。

（四）纤维的加热燃烧实验

将微形物态加热器接通电源，控制电流在 1.2～1.5A 之间（严禁超过 1.5A），通电检查加热丝是否发红。热丝发红表示好用，关闭电源开关。将热丝台放在体视显微镜下，调节焦距，使加热丝在视野中能清晰地看到，打开电源使加热丝变红，即旋转加热钮从低温到高温检流器不超过 1.5A，一人用镊子夹取单根纤维靠近加热丝，另一人观察是否扭向、收缩；观察纤维接触加热丝是否易燃，是否冒火花，淌滴，是否发光；离开电源时是否易熄；有无灰渣；何种形状的熔球。同时闻味，将各种纤维接近火源、接触火源和燃后状态列表写在记录本上，比较它们之间的差异和找出区分各种纤维依据。

多聚糖类（棉、麻、粘胶）因分子中有氧原子，非常易燃，灰分少易流失。

1. 棉花接近火源收缩变细，颜色由浅褐色变深褐色至黑色，有不定向转动；
2. 麻接近火源变色至黑色的速度的比棉慢，有定向转动，灰分较棉为硬些；
3. 粘胶接近火源粘碳化比棉要快，灰分比棉少而且不易见到；
4. 毛接触火源收缩，随即膨化起泡和卷缩，然后呈黑色不定性泡膨体空心脆块，一捻即碎；

5. 蚕丝接近火源收缩变细，碳化黑色并起长串形泡，接触火源闪现火花，白灰流失或呈黑色较光亮并呈串形空心膨体泡，易碎；

6. 涤纶接近火源，迅速收缩，熔融成茄形至圆形玻璃状物，不易碎；

7. 锦纶接近火源收缩并熔融成半透明玻璃球状；

8. 氯纶接触火源收缩成漏斗状，变黑，燃烧冒白烟，灰渣为黑色不定形脆块。

各种纤维燃烧气味不同，棉为烧纸味，丝也为烧焦气味，氯纶有刺激味。因此可以通过溶解和加热、燃烧试验来鉴别各种纤维。

六、注意事项

（1）纤维样品检验中要编号，防止混乱。

（2）纤维镜检时要用甘油溶液固定，防止丢失并易于观察形貌。为了保存标本片可用火面胶将盖玻片四周封固。

（3）溶解试验有溶胀过程，过程进行很慢，应仔细观察变化，并在加热下才快速溶解。

（4）物态加热器加热丝使用后要清理干净，使用中电流不能超过1.5A。

（5）样品用单丝观察燃烧试验为佳，既不污染显微镜，又有特征。

七、实验作业

（1）天然纤维中哪些有荧光现象产生？为什么？

（2）用微形物态加热器检验纤维加热燃烧性有何优缺点？

（3）纤维的溶解实验如何进行？

实验项目二　油脂物证检验

一、实验目的与要求

（1）学习油脂检材的提取和外观实验方法。

（2）掌握用薄层色谱法鉴别油脂的技术。

（3）学习气相色谱仪的使用方法和分析条件的选择。

二、实验原理

薄层色谱分析法是根据混合物中各组分的性质和结构的差异,各组分在固定相(硅胶)和流动相(展开剂)中具有不同的溶解和解析能力而造成迁移上的差别,从而将各组分分离。由于各组分性质不同,迁移速度不同,比移值也就不同,以此进行定性分析。动、植物油脂和矿物油能通过薄层色谱分析法达到个别检出的目的。比移值计算公式:

$$比移值(Rf) = \frac{原点至组分斑点中心距离}{原点至展开前沿距离}$$

气相色谱分析法是利用混合物中各组分在固定相和流动相之间的分配系数不同。当汽化后的组分被载气带入色谱柱中运行时,组分就在两相之间进行反复多次的分配,由于各组分性质不同,在两相中的分配系数不同,因此各组分在色谱柱中的运行速度就不同,经过一定柱长后便得到分离,再经过检测器逐个进行分析鉴别的一种分离分析技术。

根据油脂的种类和性质不同,可选用恒温、程序升温、裂解及顶空等色谱分析法,对油脂的种类和产地等进行认定。由于动、植物油脂沸点高,难挥发,不易汽化,分析前应进行甲基化处理,将其变为沸点较低的酯类,再进行气相色谱分析效果较好;而矿物油重组分沸程较宽,轻组分较易挥发,易采用程序升温与恒温相结合的方法较好。

三、实验内容

(1)油脂的薄层色谱分析。
(2)油脂的气相色谱分析。

四、实验器材

(一)器材

烘箱、喷雾器、紫外灯、层析缸、15cm×15cm 玻璃板、烧杯、毛细管、量筒、气相色谱仪、微量进样器、具塞试管、漏斗、滤纸、容量瓶、恒温水浴。

(二)样品

猪油、花生油及含有这些动、植物油的白布检材、煤油、柴油、汽油、机油及含有这些矿物油的白布检材。

（三）试剂

石油醚、乙醚、苯、乙酸乙酯、硅胶 GF_{254}、0.5% 二氯荧光素乙醇溶液、0.5N 氢氧化钠甲醇溶液、5% 硫酸甲醇溶液（V/V）、20% 食盐溶液。

五、实验步骤与方式

两人一组，互相协同配合，共同完成实验项目，各自写出实验报告。

（一）油脂的薄层色谱分析

1. 外观观察

分别在日光和紫外灯下观察各检材上油痕的颜色及荧光强弱并嗅闻油痕的气味，做好记录。

2. 样品及检样的提取净化

（1）用乙醚提取各种动、植物油脂样品，浓缩。

（2）剪取部分含油布检材放入烧杯中，用少量乙醚（少量多次提取）将油痕从布载体上提取下来，必要时过滤、浓缩。

3. 薄层色谱分析

吸附剂：硅胶 GF_{254}；

展开剂：苯∶乙酸乙酯（9∶1）；

显色剂：0.5% 二氯荧光素乙醇溶液。

展开后的薄层板晾干，先在紫外灯下观察并记录荧光斑点个数、比移值、颜色、形状等性质。然后进行显色，记录斑点个数、比移值、颜色、形状等性质。

（二）油脂的气相色谱分析

1. 动、植物油脂的测定

（1）样品及检样的提取净化。

①用乙醚提取各种动、植物油脂样品，浓缩。

②剪取部分含油布检材放入烧杯中，用少量乙醚（少量多次提取）将油痕从布载体上提取下来，必要时过滤、浓缩。

（2）样品及检样的甲基化处理。

将上述样品及检样提取液移入容量瓶中，加入 2 毫升 0.5N 氢氧化钠甲醇溶液，在 68～70℃恒温水浴中加热 30 分钟，使其甲基化，冷却至室温，加 4 毫升

20%食盐盐析，再加入0.5～2毫升乙醚振摇提取，静置分层，取上层乙醚液进行气相色谱分析，如油样量微，可将乙醚液浓缩，再进行分析。

（3）色谱分析条件。

①色谱条件Ⅰ：

色谱柱：0.24mm×30M 弹性石英毛细管柱；

检测器：氢火焰离子化检测器（FID）；

固定相：聚乙二醇20M－2－硝基对苯二甲酸；

柱温：程序升温100℃按每分钟8℃程序升温至240℃，恒温6分钟；

汽化室温度：230℃；

检测器温度：230℃；

气体流速：载气（N_2）：30ml/min；氢气：30ml/min；空气：450ml/min。

②色谱条件Ⅱ：

色谱柱：4mm×2M 玻璃柱；

检测器：氢火焰离子化检测器（FID）；

固定相：10% DEGS＋5% PEG－20M/Chromosorb W AW 80～100目；

柱温：198℃；

汽化室温度：230℃；

检测器温度：230℃；

气体流速：载气（N_2）：60ml/min；氢气：40ml/min；空气：300ml/min。

（4）操作：

用微量进样器分别抽取一定量甲基化处理好的猪油（5微升）、花生油（10微升）以及检样提取液（10微升），注入色谱仪内，进行色谱测定。记录猪油、花生油及检样吸收峰的保留时间，比较猪油、花生油、检样色谱图之间有何异同。

2. 矿物油的测定

（1）矿物油样品液的制备及油痕检材的提取。

①用石油醚将各种矿物油样品配制成浓度为1%的溶液。

②剪取部分含油检材浸入盛有少量石油醚的烧杯中，搅拌，从布上将油痕提取下来，提取宜少量多次，重复上述操作，合并提取液使其自然挥干，也可在低于60℃恒温水浴中浓缩至1～2毫升后，备检。

（2）色谱分析条件。

①色谱条件Ⅰ：

色谱柱：3mm×3M 不锈钢柱；

检测器：氢火焰离子化检测器（FID）

固定相：10% SF-30-2M/101 酸洗硅烷化白色担体 80~100 目；
柱温：175℃；
汽化室温度：240℃；
检测器温度：230℃；
气体流速：载气（N_2）：20ml/min；氢气：20ml/min；空气：200ml/min。
②色谱条件Ⅱ：
色谱柱：0.22mm×25M 石英毛细柱；
检测器：氢火焰离子化检测器（FID）；
固定相：OV-101，SE-30，OV-17/101 硅烷化担体 80~100 目；
柱温：程序升温。
汽油 60℃恒温 4 分钟后，按每分钟 10℃程序升温至 150℃，再恒温 10 分钟。
煤油、柴油 80℃恒温 2 分钟后，按每分钟 15℃程序升温至 250℃，再恒温 3 分钟。
机油 180℃恒温 2 分钟后，按每分钟 15℃程序升温至 300℃，再恒温 20 分钟。
汽化室温度：汽油 250℃；煤油、柴油 280℃；机油 330℃；
检测器温度：汽油 250℃；煤油、柴油 280℃；机油 350℃；
气体流速：载气（N_2）：30~50ml/min；氢气：40ml/min；空气：300ml/min。

(3) 操作：
用微量进样器分别抽取一定量样品提取液以及检样提取液各 0.1 微升，注入色谱仪内，进行色谱测定。比较分析几种矿物油及检样色谱图之间有何异同。

六、注意事项

(1) 同种油脂标样、样品及检材要在同一块薄层板上进行分析，以考虑载体的影响。

(2) 薄层板的展开、晾干要在通风橱中进行。

(3) 油脂尤其是矿物油检材的提取浓缩液时，其低沸点组分易挥发而损失，因此浓缩温度应控制在 60℃以内。

(4) 动、植物油脂的甲基化处理的好坏直接影响测定结果，因此甲基化要彻底。

(5) 油脂检材的分析，应注意检材上载体带来的干扰，可取不含油的载体作空白对照，测其色谱图进行比较。

七、实验作业

（1）薄层色谱法分析油脂的操作要点及注意问题有哪些？
（2）薄层色谱分析中各斑点的数目及比移值是由什么决定的？
（3）比较本实验中各种展开剂的分离效果，分析其原因，如何改进？
（4）通过实验，分析气相色谱法检验油脂类物证的长处及不足之处。
（5）通过对油脂恒温法和程序升温法气相色谱实验结果的分析，比较两种方法的分析效果。

实验项目三　涂料物证检验

一、实验目的与要求

（1）掌握红外分光光度计的基本原理和操作方法。
（2）掌握涂料有机成分的提取和制备方法。
（3）学习扫描电镜——能谱仪的使用方法。

二、实验原理

（1）涂料的红外光谱分析。

红外分光光度法亦称红外吸收光谱法，是用具有红外连续光谱的光源照射样品，记录样品的吸收曲线而进行定性、定量分析的方法。

红外吸收光谱主要是研究物质结构与红外吸收曲线间的关系；在红外吸收光谱（波数 $400\sim4000cm^{-1}$）区间，一条红外吸收曲线可由吸收峰的位置及吸收峰的强度来描述，吸收峰产生的原因、峰位、峰数、峰强与要分析的有机成分的结构有关，涂料中有机成分主要是高分子化合物在特征频率区（$400\sim1250cm^{-1}$）能产生易识别的吸收峰。

（2）涂料的扫描电镜——能谱仪分析。

扫描电子显微镜对多层涂料可进行非破坏性的检测，不仅能观察微量多层涂料层数、厚度、纹理及颜料颗粒分布状态等，还能利用其配件 X 射线能谱仪直接测定涂料的元素成分。将测定结果由计算机和显示系统打印出谱图和元素的重量百分比，以此来鉴别涂料的异同。

三、实验内容

(1) 涂料的红外光谱分析。
(2) 涂料的扫描电镜——能谱仪分析。

四、实验器材

(一) 器材

美国 PE197 形红外分光光度计、压片机、$\phi 7$ 毫米模具、玛瑙研钵、JSM—35CF 扫描电镜、EDAX—9100 能量色散谱仪。

(二) 样品

厚漆、脂胶调和漆、酚醛漆、沥青漆、醇酸漆、氨基漆、硝基漆。

(三) 试剂

苯 (二甲苯)、氯仿、丙酮、溴化钾、蒸馏水。

五、实验步骤与方式

两人一组,互相协同配合,共同完成实验项目,各自写出实验报告。

(一) 涂料的红外光谱分析

1. 样品提取
用刀片直接刮下附着在客体上的涂料(微量涂料在镜下刮取)于表面皿上。对于不具备刮取条件的可用浸有苯、丙酮、氯仿等有机溶剂的脱脂棉球擦取,然后装入小烧杯,用有机溶剂浸泡下涂料有机成分,再挥发掉溶剂。

2. 样品制备
将提取的样品,加适量烘干的溴化钾于玛瑙研钵中研细混匀,在红外灯下烘干,然后压片,备检测。

3. 测试
将溴化钾片安放在样品架上,并置于样品仓中,按仪器设置条件和操作方法,测定绘制各样品的红外光谱吸收曲线。

4. 定性分析

对未知涂料样品的红外吸收光谱图，找出其特征吸收峰，标注其峰位置，与各类漆的特征峰位相比较，确定样品种类。

（二）涂料的扫描电镜——能谱仪分析

1. 检材处理

已干涂料取一小块置于载物台上备检。

未干涂料的加温处理：对未干透的涂料检材需加温蒸发处理，除去挥发性物质使其干燥，破坏有机物。一般在150℃下加热1~2小时后，取一小块置于载物台上备检。

2. 分析条件

仪器：JSM—35CF 扫描电镜、EDAX—9100 能量色散谱仪。

加速电压：25kV；

电子束流：3~10A；

收集时间：100s。

3. 分析结果

将各种涂料元素含量详细记录，并比较它们之间的区别。

六、注意事项

（1）压片时，正确使用模具，并一定先打开抽真空系统后才能加压，使样品具有合格透明度。

（2）红外光谱仪运转过程中，不能乱碰开关或手动调试，防止弄坏仪器。

七、实验作业

（1）红外光谱法对涂料有机成分定性分析的依据是什么？

（2）用溴化钾压片法制备涂料样品应注意哪些问题？

实验项目四 爆炸物品检验

一、实验目的与要求

（1）掌握炸药的化学检验方法和原理。

(2) 掌握用薄层色谱法分析有机炸药的方法。

二、实验原理

待测离子与某些试剂作用，可生成具有特征颜色或具有特殊形状、气味的离子、化合物或结晶，从而得出明确的结论。

常见炸药有硝基类化合物、硝铵类化合物和硝酸酯类化合物等几大类。由于它们的组成、结构上的差异，导致它们性质上也有相异之处，与不同的试剂作用，得到产物的特征、反应的现象也不相同。根据这些外观上有明显区别产物生成的化学反应发生与否，达到化学检验炸药之目的。

四种常见的有机炸药都是弱极性物质，极性由大到小的次序为黑索今（RDX）＞特屈儿（CE）＞太安（PETN）＞梯恩梯（TNT），所以吸附剂常用硅胶G。薄层分析的效果取决于选用的展开剂，通常根据被分离物质的性质来确定，选择的展开剂既要对被分离物质有一定的解析能力（但又不能太大），又要对吸附剂有一定亲和能力的一种或几种溶剂。

薄层色谱法分析常见有机炸药时常用的展开剂有：正己烷；石油醚：丙酮（4:1）；石油醚：丙酮（9:1）；正己烷：丙酮（7:3）；正己烷：苯（1:1）；正己烷：丙酮（2:1）；苯：石油醚（5:1）；苯等。

三、实验内容

(1) 炸药残留物中无机离子的检验。
(2) 常见炸药的化学检验。
(3) 薄层色谱法鉴别有机炸药。

四、实验器材

（一）器材

实体显微镜、离心机、架盘天平、水浴锅、酒精灯、点滴板、漏斗、试管、试管架、离心试管、石蕊试纸、滤纸、载玻片、表面皿、脱脂棉、牙签、烘箱、紫外线灯、层析缸、喷雾器、玻璃板、烧杯、玻璃棒、毛细管、量筒。

（二）样品

梯恩梯、特屈儿、黑索今、太安、苦味酸、硝铵炸药、氯酸盐炸药等。

（三）试剂

0.05％马钱子碱（士的宁）浓硫酸试剂、浓硫酸、硫酸亚铁固体、尿素固体、1％二苯胺基脲乙醇溶液、6M 硝酸、5％硝酸银、5％亚硝酸钠、0.05M 碳酸锌、5％氢氧化钠、3％亚硝酰铁氰化钠、10％硫酸、浓盐酸、对氨基二甲代苯胺、0.05M 三氯化铁、30％氢氧化钠、0.05M 硝酸汞、硝酸灵醋酸溶液、碘－碘化钠试剂、0.1M 碘液、萘氏试剂、氯化对硝基重氮苯试剂、硫酸锰－浓磷酸试剂、20％氢氧化钠、70％乙二胺、苯、浓氨水、10％氢氧化钾、乙醇、1％二苯胺浓硫酸溶液、苯胺、丙酮、硅胶 G、正己烷、石油醚、5％二苯胺乙醇溶液、50％～70％乙二胺丙酮溶液。

五、实验步骤与方式

两人一组，互相协同配合，共同完成实验项目，各自写出实验报告。

（一）炸药残留物中无机离子的检验

1. 样品液

取分析纯的 $KClO_3$、NH_4NO_3、Na_2S 等药品，用去离子水溶解配成浓度为 0.1M 的样品液。

2. 检材及检液

称取爆炸尘土检材 5～10 克于烧杯中，用去离子水浸泡搅拌 10 分钟后过滤。再提取一次，将两次提取液合并后浓缩为 1～3 毫升备检。

3. 硝酸根的检验

（1）马钱子碱反应。

取检液 2～3 滴和浓硫酸 6～8 滴于试管中，加新配制的马钱子碱 2～3 滴。若有 NO_3^- 存在，则呈玫瑰红色，渐变为橙色。

说明：

①边加马钱子碱试剂，边观察、记录系统颜色变化。

②NO_2^- 是干扰离子，加入过量（体积为检液的 3～4 倍）浓硫酸，可排除其干扰。

（2）硫酸亚铁反应。

加 10 滴检液于试管内，再加少许硫酸亚铁固体，振摇使其大部分溶解。然后将试管倾斜，沿管壁慢慢滴入浓硫酸 6～8 滴，若有 NO_3^- 存在，则在两液体接触面出现棕色环。

说明：

① 加入硫酸亚铁固体的量要以使检液成为其饱和溶液且有少量未溶为宜。

② 沿管壁加入浓硫酸时，要避免振荡，并注意观察。

③ NO_2^- 是干扰离子，排除方法：检液酸化后，加少量尿素搅拌并加热，使 NO_2^- 分解。

(3) 硝酸灵反应（化学显微结晶法）。

取 1~2 滴检液于载玻片上，滴硝酸灵醋酸溶液 1~2 滴，若有沉淀产生，则挥干在显微镜下观察晶体的形状。若晶体为白色细长针刺状，则检液中含有 NO_3^-。

4. 氯酸根的检验

(1) 硫酸锰－浓磷酸反应。

在试管中加 5 滴检液，再加入 5 滴硫酸锰－浓磷酸试剂摇匀，然后水浴加热至沸。冷却后若出现红紫色，则可能有 ClO_3^- 存在。

说明：

① 如果 ClO_3^- 离子含量很少，则颜色很浅，加 1~2 滴 1% 二苯胺基脲乙醇溶液可提高反应灵敏度。

② 边加热边观察反应中的颜色变化。

③ 过二硫酸、亚硝酸、溴酸、碘酸及高碘酸的盐类对该反应有干扰。

(2) 亚硝酸钠反应。

取 5 滴检液于离心试管中，加 2 滴 6N 硝酸酸化，再加 2 滴 5% 硝酸银试剂。若无白色沉淀（如有则先离心除去），再加 2 滴 5% $NaNO_2$ 试剂，如果出现白色沉淀，则表示有 ClO_3^- 存在。

5. 硫离子的检验

(1) 碘－氮化钠反应。取 4 滴检液于试管中，加入紫色的碘－氮化钠试剂 1~2 滴，若紫色褪去并有大量气泡产生，表示有 S_2^- 存在。

(2) 亚硝酰铁氰化钠反应。取检液 4 滴于试管内，加 5% 氢氧化钠溶液 4 滴，再加 4 滴 3% 亚硝酰铁氰化钠溶液，若溶液变为红紫色，再加入数滴 10% 硫酸，颜色褪去，表示有 S_2^- 存在。

(3) 亚甲蓝试验。取检液 2 滴于点滴板内，加 1~2 滴浓 HCl 混合，然后将少许对氨基二甲代苯胺溶解于上述混合液中，再加 2 滴 0.05M $FeCl_3$ 溶液，观察，约 2~3 分钟后有蓝色出现，表示有 S_2^- 存在。

6. 铵离子的检验

(1) 气室法。取检液 1ml 于表面皿中，加入 30% NaOH 数滴，盖上内壁附有用蒸馏水润湿的石蕊试纸的另一表面皿，然后在水浴上加热数分钟，若试纸变蓝，表示有 NH_4^+ 存在。

（2）萘氏试剂反应。取检液 2～3 滴于点滴板上，滴加萘氏试剂 3～4 滴，若有棕黄色沉淀生成，表示有 NH_4^+ 存在。

（3）氯化对硝基重氮苯反应。取检液 2～3 滴于点滴板上，加氯化对硝基重氮苯试剂 2～3 滴，并加 30% NaOH 2～3 滴，若溶液变为红色，表示有 NH_4^+ 存在。

（二）常见炸药的化学检验

1. 共同显色实验

（1）氢氧化钠反应。用牙签分别取各种炸药样品少许（小米粒大小，下同）于点滴板凹穴内，各加 2 滴丙酮试剂，待样品溶解后，再分别加 1 滴 20% 氢氧化钠试剂，观察并记录各种炸药的反应现象。

（2）乙二胺反应。用牙签分别取各种炸药样品少许于点滴板凹穴内，各加 1 滴丙酮试剂，待样品溶解后，再分别加 1 滴 70% 乙二胺溶液，观察并记录各种炸药的反应现象。

2. 梯恩梯炸药的检验

（1）浓氨水反应。取梯恩梯样品少许于试管中，用 1 毫升苯溶解后，加入浓氨水 1 毫升，振摇，然后放置使其分层。苯层呈混浊，氨层呈橙黄色。

（2）氢氧化钾反应。取梯恩梯样品少许于试管中，用 1 毫升丙酮溶解后，加入 2～3 滴 10% 氢氧化钾溶液，振摇，溶液呈橘红色，加入乙醇后，颜色加深。

3. 黑索今炸药的检验

（1）水解反应。取黑索今样品少许于试管中，加入 10% 氢氧化钾溶液 2 毫升，管口塞上棉花团，棉花上放一湿润的红色石蕊试纸（勿沾上氢氧化钾溶液），置水浴上煮沸，则红色石蕊试纸变蓝。

（2）二苯胺浓硫酸试验。取黑索今样品少许于试管中，加 1 毫升丙酮溶解，然后逐滴加入二苯胺浓硫酸溶液并振摇，至溶液呈蓝色。

4. 特屈儿炸药的检验

（1）水解反应。取特屈儿样品少许于试管中，加入 10% 碳酸钠溶液 2 毫升，置水浴上加热，则呈现红色。

（2）氨水反应。取特屈儿样品少许于试管中，用 1 毫升苯溶解后，加入 1 毫升浓氨水，振摇，静置。苯层呈混浊不透明状，氨层则呈透明的橘红色。

（3）苯胺反应。取特屈儿样品少许于试管中，用 1 毫升苯溶解后，加入 2～3 滴苯胺，则产生血红色结晶。

（三）薄层色谱法鉴别有机炸药

1. 样品液的制备

用牙签分别取小米粒大小的炸药样品于小烧杯中，各加 1 毫升丙酮溶解备用。

2. 薄层分析条件

（1）吸附剂：硅胶 G。

（2）展开剂：①正己烷∶丙酮（7∶3）；②苯。

（3）显色剂：①5％二苯胺乙醇溶液；②50％~70％乙二胺丙酮溶液。

3. 操作

（1）点样：用毛细管取样品液点于薄层板上。

（2）展开：将点样后的薄层板置于加展开剂的层析缸中展开，展开后取出，挥干。

（3）显色：

①在日光及紫外灯下观察展开后薄层板上各样品斑点的个数、形状和颜色。

②喷显色剂后观察各样品斑点的个数、形状和颜色。

4. 记录

记录在日光、紫外灯光下及显色后观察到各样品斑点的比移值、形状和颜色等数据、结果。

六、注意事项

（1）爆炸尘土中常见无机离子在自然界中也广泛存在，故一定要做空白试验。

（2）本实验的加热，应在水浴上进行，勿用明火操作。

（3）使用苯的实验，应在通风橱内进行。

（4）点样量要适宜，量大出现拖尾现象、量小则检不出。

（5）展开后薄层板在日光灯及紫外灯下的斑点情况要在照射后 5~10 分钟内观察，观察后的薄层板再进行显色。

七、实验作业

（1）试根据爆炸尘土中检验出无机离子的种类，分析爆炸所用炸药的种类。

（2）梯恩梯与浓氨水反应的产物在苯层还是在氨层？为什么？

（3）薄层色谱分析中对点样操作要求有哪些？

实验项目五 有机磷杀虫剂中毒检验

一、实验目的与要求

(1) 通过实验了解生物检材中有机磷杀虫剂的提取、净化方法。
(2) 了解有机磷杀虫剂的薄层色谱和气相色谱定性分析方法。

二、实验原理

(1) 有机磷杀虫剂薄层色谱分析。
由于各种有机磷杀虫剂的化学结构各异，因而与不同的化学试剂有不同的显色反应，从而达到鉴别有机磷杀虫剂种类的目的。
(2) 有机磷杀虫剂气相色谱分析。
气相色谱具有分离效率高、检测灵敏、操作简便等优点，在有机磷杀虫剂分析中使用广泛。用气相色谱分析有机磷杀虫剂的色谱柱一般以强极性及中等极性的固定相为宜；各种有机磷杀虫剂的保留时间差别较大，因而柱温应选择适中的温度，或采用程序升温，火焰光度检测器和氮磷检测器特别适合生物体内恒量有机磷杀虫剂的分析。

三、实验内容

(1) 有机磷杀虫剂的提取与净化。
(2) 有机磷杀虫剂薄层色谱分析。
(3) 有机磷杀虫剂气相色谱分析。

四、实验器材

（一）器材

气相色谱仪、微量进样器、硅胶 G 薄层板、层析缸、喷雾器、毛细管、恒温水浴、漏斗、分液漏斗。

（二）样品

（1）有机磷杀虫剂标样：敌敌畏、敌百虫、磷胺、甲胺磷、三硫磷、马拉硫磷、乐果、甲拌磷、内吸磷、杀螟松、对硫磷、甲基对硫磷的 2 毫克/毫升丙酮溶液。

（2）检液：有机磷杀虫剂的中毒检材（含上述杀虫剂之一）。

（三）试剂

石油醚、丙酮、苯、氯仿、环己烷、无水硫酸钠、中性氧化铝、活性炭、0.5%二氯醌氯亚胺乙醇、溴、5%醋酸、溴酚蓝试剂、氯化钯试剂、1%间苯二酚乙醇溶液、5%氢氧化钠乙醇溶液、2%4-（对硝基苄基）-吡啶溶液（每周新配）、10%乙二胺丙酮溶液。

五、实验步骤与方式

两人一组，互相协同配合，共同完成实验项目，各自写出实验报告。

（一）有机磷杀虫剂的提取与净化

检材若为含水较少的内脏组织、胃内容、呕吐物、吃剩的饭菜等，取10~20克，根据需要将检材剪碎置于研钵中，少量多次加入无水硫酸钠（防止结块），研磨至干沙状，加10~20毫升氯仿浸提，用带滤纸的漏斗过滤，于60℃以下恒温水浴中浓缩，供检。

检材若为饮料、菜汤、水等液体，取20毫升检材，10毫升氯仿，放入分液漏斗中直接提取。有机层置于60℃以下恒温水浴中浓缩，供检。

一般提取液可直接进行分析，若含杂质较多，可用5~10克Ⅲ活性中性氧化铝（如色素较深可加0.5克活性炭）层析柱净化。提取液中若含水分，可在柱顶放一装5~10克无水硫酸钠的漏斗，先用氯仿淋洗柱，弃去预淋洗液，然后将提取液经无水硫酸钠漏斗通过净化柱，再用10毫升氯仿淋洗，接受淋洗液，于水浴中浓缩，供检。

（二）有机磷杀虫剂薄层色谱分析

1. 分析条件

（1）吸附剂：硅胶 G。

（2）展开剂：

①氯仿：丙酮＝9∶1；
②环己烷：丙酮＝4∶1；
③环己烷：氯仿＝1∶1；
④苯：环己烷＝4∶1；
⑤苯：石油醚：丙酮＝7∶2∶1。
（3）显示剂：
①溴酚蓝－醋酸试剂；
②0.5％二氯醌氯亚胺乙醇溶液；
③5％氯化钯试剂；
④1％间苯二酚－氢氧化钠试剂；
⑤2％4－（对硝基苄基）－吡啶乙醇溶液。

2. 点样

分别用毛细管将有机磷杀虫剂标样和检材提取浓缩液点在硅胶 G 薄层板上，点样时毛细管轻轻接触薄板，要少量多次，使点样后的斑点直径不超过 2～3 毫米；各样品要点在同一直线上，且相互要有一定间距，离薄板底线 1～2 厘米，待干后置层析缸中展开。

3. 展开

按上述五种展开剂的配方配好展开剂，于层析缸中静置饱和后，放入点好样的薄层板，密封，展开。上述薄层板可同样点五块，放在五种不同展开剂中。

4. 显色

把展开好的薄层板取出，待展开剂挥干后显色。

有机磷杀虫剂的显色方法很多，可根据有机磷杀虫剂的化学结构而选择。

（1）含硫有机磷杀虫剂的显色法：

①溴酚蓝－醋酸法。在展开后挥干的薄板上喷雾溴酚蓝－硝酸银试剂至板面出现均匀蓝色，然后在 60～80℃ 烘箱中加热 5～10 分钟，取出薄板观察结果，再喷雾 5％ 醋酸溶液至背景为浅黄色，再观察结果，比较斑点颜色变化，测量并记录 Rf 值，含硫有机磷杀虫剂与溴酚蓝－硝酸银作用，在蓝色背景上出现黄色或紫色斑点，遇酸后呈蓝色或紫色，背景变黄色。

溴酚蓝－硝酸银试剂：0.05 克溴酚蓝溶于 10 毫升丙酮中，再用 1％ 硝酸银丙酮水溶液（丙酮：水＝1∶3）稀释至 100 毫升。

②二氯醌氯亚胺－溴法。喷雾 0.5％ 二氯醌氯亚胺乙醇溶液，稍干，于溴蒸气中薰 0.5～1 分钟，观察并记录显色结果，计算 Rf 值。含硫有机磷杀虫剂与二氯醌氯亚胺作用，经溴氧化后生成红、黄或橙色。

③氯化钯法。喷雾氯化钯试剂于薄板上，观察并记录结果，测其 Rf 值，然

后将薄板置100℃烘箱中加热30分钟,再观察结果。含硫有机磷杀虫剂在酸性条件下与氯化钯作用,生成1:1或1:2复合物,呈黄或黄褐色。

氯化钯试剂:0.5克氯化钯用1毫升浓盐酸溶解,再加水至100毫升。

(2)不含硫有机磷杀虫剂显色法:间苯二酚-氢氧化钠法。

先喷1%间苯二酚乙醇溶液,再喷5%氢氧化钠乙醇溶液,稍加热后观察并记录结果,计算Rf值。含多卤代甲烷基的有机磷杀虫剂,在碱性条件下水解生成二氯乙醛,二氯乙醛与间苯二酚反应生成红色化合物。

(3)有机磷杀虫剂通用形显色剂:4-(对硝基苄基)-吡啶法。

喷雾2%4-(对硝基苄基)-吡啶乙醇溶液,干后置120℃烘箱中加热20分钟,取出放冷,再喷10%乙二胺丙酮溶液,观察并记录结果,记录Rf值。有机磷杀虫剂与4-(对硝基苄基)-吡啶作用,在弱碱性条件下生成蓝色染料。

10%乙二胺丙酮溶液:乙二胺:丙酮(9:1)混合,新配。

(三)有机磷杀虫剂气相色谱分析

1. 色谱分析条件Ⅰ

(1)色谱柱:2.5% QF-1+5% DC-200/Gas Chrom Q 80~100目 3mm×2M 玻璃柱;

(2)检测器:氮磷检测器或火焰光度检测器;

(3)柱温:200℃;

(4)检测器温度:260℃;

(5)汽化室温度:240℃;

(6)气体流速:载气(N_2):78ml/min;氢气:0.6kg/cm^2;空气:0.5kg/cm^2。

2. 色谱分析条件Ⅱ

(1)色谱柱:3% OV-17+10% DC-200/Chromosorb W 60~80目 3mm×2M 玻璃柱;

(2)检测器:火焰光度检测器或氮磷检测器;

(3)柱温:程序升温170℃按每分钟2℃程序升温至180℃,恒温12分钟后,再按每分钟10℃程序升温至230℃,恒温12分钟。

(4)检测器、汽化室温度:240℃;

(5)气体流速:载气(N_2):50ml/min;氢气:0.6kg/cm^2;空气:0.5kg/cm^2。

3. 操作

(1)用微量注射器抽取检材提取液1~3微升注入色谱仪中,每个检样进样2~3次,记录每次的保留时间,求其平均值。

(2)分别用微量注射器抽取有机磷杀虫剂标准样品溶液1~3微升,在同样条件下注入色谱仪中,每个标样也进样 2~3 次,计算保留时间的平均值。

(3) 将检液和标准样品的色谱图进行比较,同时进行保留时间对照,进行定性分析,确定检材中有机磷杀虫剂的种类。

六、注意事项

(1) 实验中皮肤不要接触有机磷杀虫剂,若不慎接触,速用碱性肥皂清洗,使有机磷杀虫剂分解。

(2) 大部分有机磷杀虫剂对热不稳定,易挥发、分解,所以在检材提取净化及浓缩等操作过程中,必须在较低的温度下进行。

(3) 气相色谱分析法对检样有一定的纯度要求,所以生物性检材的提取液一般要进行净化处理,以除去脂肪、蜡质和色素。

七、实验作业

(1) 有机磷杀虫剂提取的原理和方法与不挥发性有机毒物有何不同?
(2) 有机磷杀虫剂在提取净化过程中需注意哪些问题?
(3) 有机磷杀虫剂薄层显色法各受哪些杂质干扰?如何排除?
(4) 有机磷杀虫剂中毒检材的提取有哪些方法?各有什么特点?
(5) 气相色谱分析法测定有机磷杀虫剂应选择何种检测器?为什么?

附录 刑事照相制卷质量要求

(中华人民共和国公安部 GA/T 118—2005)

1. 主题内容与适用范围

本标准规定了刑事照相有关的照片制作成法律文书卷的基本要求和方法。

本标准适用于各类刑事案件现场照片的制卷，也适用于治安案件和灾害事故现场照片的制卷。刑事案件检验照片和其他证据照片也应参照本标准。

2. 引用标准

下列标准所包含的条文，通过在本标准中引用而构成为本标准的条文。本标准出版时，所示版本均为有效。所有标准都会被修订，使用本标准的各方应探讨使用下列标准最新版本的可能性。

GB/T 1.1 标准化工作守则 第一单元：标准的起草与表述规则 第一部分：标准编写的基本规定

GB/T 9704—1999 国家行政机关公文格式

GA/T 119 刑事照相负正片后期制作质量标准

3. 案卷构成

封面
封二
案情简介
目次
正文（照片部分）
3.1 封面
3.1.1 封面应包括如下内容：
照片卷编号；
份号；
密级；

案卷题名（见3.1.2）；
制作机关；
制成时间。

3.1.2　案卷题名应包括：
案件发生地域；
案件名称；
案卷内容。

3.1.3　案件名称应与现场勘验笔录、现场图的案件名称一致，一般应包括被侵害对象及侵害结果。也可使用有案件代号、案件性质的名称。

3.1.4　封面格式见附录A（标准的附录）、附录B（提示的附录）。

3.2　封二

3.2.1　封二应包括如下内容：
现场地点；
案件名称；
案件性质；
发案时间；
拍照时间；
拍照人；
制卷单位；
制卷人；
审签人；
生效标识域；
案卷页数，卷内照片张数，案卷份数。

3.2.2　封二格式见附录C（标准的附录）

3.3　案情简介

3.3.1　案情简介的内容应包括：报案时间，案件发生或发现时间、地点、经过情况及被害人的姓名、职业、住址。

3.3.2　案情简介的内容应通俗易懂，文字要简练准确。

3.3.3　当现场照片作为现场勘验记录的组成部分制卷时，可省略案情简介。

3.4　目次

3.4.1　段落层次较多的照片卷应编写目次

3.4.2　目次的内容应包括各段落层次的标题和所在页码，标题与页码之间用"……"连接。

例1：第一现场……（4）

第二现场……（8）
例2：现场情况……（3）
尸体衣着……（7）
尸体损伤……（10）

3.5 正文
正文部分是照片卷的主体，应包括如下内容：
照片（见5.1）；
标引线（见7）；
符号、代号（见8）；
文字说明（见9）。

4. 纸张

4.1 纸张质量
贴附照片的纸张应使用200～250g/m² 卡片纸或白板纸。可以使用照片级打印纸或彩色相纸。

4.2 幅面尺寸
4.2.1 正页幅面尺寸要与目前国家机关公文用纸标准的幅面尺寸一致，规格为：

A4形 210mm×297mm

4.2.2 当正页粘贴不下一个段落层次的多张照片时，可在翻口连续折页，见附录D（提示的附录）。上下两边不得连续折页。

4.2.3 折页为扇形折，折页幅面长度应与正页一致，宽度为182mm。

4.2.4 折页连续数量以不超过7页为宜。

4.3 印刷
粘贴照片的卡片纸（包括折页）上白边（天头）、下白边（地脚）与图文区（见6.1）之间应压有暗线，右下角要印有填写页码的（　）或"第　页"，见附录E（提示的附录）。

5. 照片

5.1 照片内容
5.1.1 在现场拍照的，与案件有关的一切场景和细目照片。
5.1.2 从现场上提取痕迹、物证，经过技术处理后拍照的照片。
5.1.3 从电视屏幕拍照的现场录像画面的照片。
5.2 组合编排

5.2.1　编排前，应对洗印好的照片进行筛选审查。

a. 与案件无关的照片或虽与案件有关，但画面内容不能反映所要表现的主题的照片应剔除；

b. 数张照片反映主题内容相同或相近时，应选取其中一张；

c. 照片加工质量（见5.3）与规格尺寸（见5.4）不符合要求的应重新制作；

d. 画面内容有主从关系需就近粘贴标引的照片应核对无误。

5.2.2　照片的组合编排要以系统连贯、直观简明地表述案件现场整体景况为原则。

5.2.3　照片的编排顺序要以清楚反映案件发生地点，案件性质，作案过程，犯罪手段，侵害对象，造成的后果，痕迹物证所在部位与特征为主旨。有条理，分层次，不断展开。

5.2.4　编排方法应根据现场情况和照片数量决定。

a. 现场简单，照片数量少的，可按方位、概貌、重点部位的顺序，穿插细目照片编排；

b. 现场复杂，拍照内容较多的，可按照片的内容类别分层次编排。如无名尸体案件的现场照片，可分为以下层次：

现场情况；

尸体衣着；

尸体损伤与特征；

遗留物、附着物。

c. 现场范围大，涉及处所和细目内容多的，可按发现犯罪的第一线场、第二现场……划分段落，也可按实施犯罪时侵害目标的先后顺序划分段落进行编排，在每一段落内，可进一步按照片内容分类，划分层次。

5.2.5　应把反映案件本质的现场重点部位照片和能够起到揭露证实犯罪作用的痕迹、物证照片作为编排的重点。需标引定位的细目照片，要与所在部位、环境的主画面照片相互呼应，不得在案卷中孤立存在。

5.3　质量要求

5.3.1　照片上反映主题内容的景物与特征要清晰逼真，并有较大的景深范围。

5.3.2　痕迹物证照片比例尺不得变形，按倍数制作的照片比例要准确。

5.3.3　除检验鉴定需要增强或降低照片的反差外，黑白照片应反差适中，层次丰富。

5.3.4　除检验鉴定需要调整照片的色反差外，彩色照片的色彩校正应尽量接近实际颜色，不得有明显的偏色。

5.3.5 连接照片衔接部位的放大倍率、密度、反差、影调、色彩应一致。对接线要避开画面重要部位和尸体。

5.3.6 照片一律用光面相纸制作。照片要平展、清洁，不得有较明显的划痕、白点、斑渍。

5.3.7 照片一律不留白边，也不得裁切花边。

5.4 规格尺寸

5.4.1 照片的几何形状应以横幅矩形为主，竖幅矩形不宜过多。也可配少量的方形或圆形，但不宜有棱形、三角形等其他几何形状，更不得只剪留主体而不要背景。

5.4.2 照片的长宽比例应在8:5左右。必要时，可根据画面主体形状和版面组合要求进行剪裁。

5.4.3 照片的尺寸应根据画面内容和组合编排需要决定。

a. 属于主要画面的方位、概貌、重点部位照片和直接反映案件性质的重要细目照片，尺寸应为127mm×203mm（5英寸×8英寸）或89mm×127mm（3.5英寸×5英寸）左右；

b. 属于辅助画面的场景、特写照片，尺寸应在89mm×127mm或63mm×89mm（2.5英寸×3.5英寸）左右；

c. 属于从属画面的痕迹物证照片，应按比例尺放大。指纹放大3倍，掌纹放原大，足迹放大0.5倍，弹底痕迹放大4倍，弹头痕迹放大10倍（彩色扩印的痕迹物证照片的放大倍率，应尽可能与上述要求一致）。其他痕迹物证照片的放大倍率，以清晰反映形象和特征为前提，一般应在63mm×89mm或89mm×127mm左右；

d. 连接照片宽度不应小于89mm，长度不应大于305mm（12英寸）。

6. 粘贴

6.1 粘贴区域（图文区）

6.1.1 粘贴照片卡片纸正页的图文区为156mm×225mm，见附录E（提示的附录）。

上白边（天头）为：37mm±1mm

下白边（地脚）为：35mm±1mm

左白边（订口）为：28mm±1mm

右白边（翻口）为：26mm±1mm

6.1.2 除连接照片与横长照片可占用左右白边或横跨两个版面外，其他照片均应粘贴在图文区。

6.2 版面设计

6.2.1 版面设计既要严肃、整洁，又要灵活、多样，不宜过分对称呆板。

6.2.2 照片排列要疏密适当，不得过分拥挤或松散。图文区内应留有25%~40%的空白区。

6.2.3 版面设计见附录F（提示的附录）。

6.3 粘贴要求

6.3.1 单幅照片应粘贴在图文区中心偏上部位。两幅以上照片应上顶天头下至地脚，或左至订口右至翻口（包括文字说明）。

6.3.2 画幅尺寸相同或近似的两张（或两张以上）照片在同一页面上横向平列时，照片上下两边应平齐，见附录F。

6.3.3 照片间距不得小于5mm。

6.3.4 照片的文字说明应视版面组合情况附在照片的下方或左侧。

6.3.5 现场指纹粘贴时应指尖向上，足迹照片应足尖向上。其他细目照片的定位，应与所属主画面上反映的方向基本一致，不得上下颠倒。

6.4 黏合剂

应使用不与照片乳剂、成色剂产生化学反应而致照片变色的黏合剂。不得使用糨糊粘贴照片。

6.5 粘贴方法

6.5.1 黏合剂应点涂于照片背面的四角或周围，用量不宜过多，点涂位置不宜过分靠边。不得全面涂抹。

6.5.2 粘贴后的照片应及时紧压固定，紧压前要在折页之间衬纸，以防照片乳剂受潮后相互黏合。

7. 标引（勾线）

7.1 标引对象

凡主画面与若干附属画面组合在同一或相邻版面时，非经标引不能表达主题内容与位置关系的，则应标引。

7.2 标引要求

7.2.1 标引线应为连续的单线条，线条宽度不宜超过0.8mm。

7.2.2 标引线颜色以红色或黑色为宜，用色种类不得过多。

7.2.3 标引线应平行于卡片纸的一边。必要时可以用折线，折角应为直角。一条标引线的折角不得超过两处。

7.2.4 标引线的线端指向要准确，不得离被标引位置太远。不得把线端画在较小的被标引对象上。

7.2.5 当标引线必须通过与线条颜色相同或相近的照片影像部位时,应改为易于辨别的颜色通过该部位。

7.2.6 标引线不得互相交叉。

7.2.7 标引要求如附录F所示。

8. 符号、代号

8.1 为直接明了地在画面上标示现场、重点部位、细目或痕迹物证特征的具体位置,以及现场方位、概貌照片的坐标方向,可使用符号、代号。

8.2 符号、代号应用红色、黑色或白色标画。线条宽度不应大于0.5mm,长度不应大于5mm。

8.3 符号、代号要清晰醒目,种类不宜繁杂。符号、代号标画的位置要准确。

8.4 画面需要标注的符号、代号较多,或不宜在画面上直接标注符号、代号时,应用标引线引至画面以外的图文区标注。

8.5 常用符号代号见附录G(提示的附录)。

9. 文字说明

9.1 使用对象

9.1.1 照片内容必须用文字表述的,应附注文字说明。

9.1.2 经标引或附注图解后仍不能清楚准确说明照片内容时,应附注文字说明。

9.1.3 凡在画面上标注符号、代号的照片,一般应对符号、代号所时内容附注文字说明。

9.1.4 用相向、多向、十字交叉等方法拍照的多张方位、概貌照片和通过特种光源、技术手段显现拍照的痕迹物证照片,要对拍照方法、手段附注简略的文字说明。

9.1.5 划分段落层次的照片卷,应在段落层次前附以概括内容的文字标题。

9.2 使用要求

9.2.1 文字说明内容要通俗简练,严密、准确。术语要与相关专业的规范术语一致。专业性较强的文字说明内容,要经参与现场勘验的有关专业人员审定。

9.2.2 文字说明不得使用"同上"或"同左"等术语。

9.2.3 文字说明要打印,字体以宋体或楷体为宜,字号要根据内容有所区别，见附录 H（提示的附录）。

  a. 段落标题可用初号或 1 号字；
  b. 层次标题可用 2 号字；
  c. 画面说明、图解、符号、代号说明可用 3 号或 4 号字。

  9.2.4 文字说明中带有符号、代号时，应在附号、代号位置留 2～3 字的空位。

  9.2.5 文字说明中的计量单位，一般应采用阿拉伯数字。数字要写成小数，一般不写分数。不带计量单位的 10 以内的数字，可按中文"一、二、三……"书写。

  9.2.6 文字说明中一律采用法定计量单位，并书写该计量单位的符号或代号，如：毫米应写作 mm。

  9.2.7 文字说明应印刷或贴附在照片下方或右侧，距照片边缘 5～10mm 居中部位。同一版面的两张照片可用同一文字说明时，文字说明应印贴在两张照片中间。

  9.2.8 涉外案件现场照片的文字说明，应用中、外两种文字书写。

10. 装订

  10.1 照片卷应为左装式平订平装本。

  10.2 照片卷厚度不宜超过 20mm，超过时应按内容分类分为卷一、卷二……分别装订。

  10.3 装订前要填写页码。

  10.4 装订时要根据图文区厚度，在订口一侧夹加适当厚度的衬条。装订好的照片卷应牢固、整齐、清洁、平展。

  10.5 装订后应粘封卷脊。案卷厚度超过 6mm 时，应在卷脊上竖行印贴与封面内容相同的卷名。

  10.6 装订好的现场照片卷如附录 J（提示的附录）所示。

11. 审签

  11.1 照片卷制成后，要经参与现场勘验的有关专业人员审查。

  11.2 照片卷发出前，要由现场勘验指挥人或本级公安机关刑侦部门负责人签发，并在封二的生效标识域加盖公章。

参 考 文 献

1. 周云龙：《刑事技术教程》，中国人民公安大学出版社2004年版。
2. 张泽民：《科学神探》，中国人民公安大学出版社2003年版。
3. 王文广：《刑事照相实验指导》，群众出版社2001年版。
4. 王文广：《刑事照相教程》，群众出版社2001年版。
5. 朱宝礼：《刑事照相学教程》，警官教育出版社2001年版。
6. 杨梦兰：《物证分析》（第一分册），警官教育出版社1993年版。
7. 郝旺林：《物证分析》（第二分册），警官教育出版社1993年版。
8. 王景翰：《物证分析》（第三分册），警官教育出版社1993年版。
9. 李淑英主编：《物证分析实验》，警官教育出版社1993年版。
10. 张军：《刑事化验》，群众出版社2000年版。
11. 李生斌、李昌钰：《法科学》，中国人民公安大学出版社2000年版。
12. 陆惠民：《毒物分析》，警官教育出版社1995年版。
13. 卢凤荃：《毒物分析实验》，警官教育出版社1995年版。
14. 公安部教育局编：《刑事技术》，群众出版社1997年版。
15. 徐立根：《物证技术学》，中国人民大学出版社1990年版。
16. 邹明理：《司法鉴定教程》，法律出版社1995年版。
17. 刘光明：《文件检验教程》，群众出版社2000年版。
18. 朱红艳：《文件检验实验指导》，群众出版社2000年版。
19. 刘光明、姚忠保：《刑事技术概论》，湖北人民出版社1996年版。
20. 朱红艳、涂丽云：《简明文件检验学》，群众出版社1997年版。
21. 毛焕庭、暴仁：《污损文件检验》，警官教育出版社1997年版。
22. 贾玉文主编：《笔迹检验》，警官教育出版社1999年版。
23. 岳俊发、王英利：《声纹鉴定》，警官教育出版社1996年版。
24. 吴旭芒、高以群：《足迹学》，警官教育出版社1996年版。
25. 刘长青：《痕迹检验学教程》，警官教育出版社1993年版。
26. 高以群、史力民：《足迹检验图谱》，警官教育出版社1997年版。
27. 孟兆安：《足迹检验综合利用》，中国人民公安大学出版社1991年版。

28. 徐立根：《物证技术学》，中国人民大学出版社1999年版。
29. 傅政华：《物证技术学》，中国人民公安大学出版社2003年版。
30. 公安部人事训练局：《痕迹检验教程》，群众出版社2000年版。
31. 公安部人事训练局：《痕迹检验实验指导》，群众出版社2000年版。
32. 胡卫平等：《痕迹检验系列多媒体软件》，陕西电子音像出版社2004年版。
33. 戴林：《工具痕迹学》，警官教育出版社2002年版。
34. 论文编审组编：《第五届全国文件检验学术研讨会论文集》，警官教育出版社2000年版。
35. 论文编审组编：《第六届全国文件检验学术交流会论文集》，载《刑警与科技》2004年第3期。
36. 王广新等主编：《文件检验典形案例新编》，辽宁人民出版社2000年版。
37. 《全国公安院校刑事侦查刑事技术学术讨论会论文集》，警官教育出版社1991年版。